# Vorwort

Diese Darstellung der ***Makroökonomik*** entspricht inhaltlich den einschlägigen Lehrveranstaltungen. Neben einer ausführlichen Darstellung der klassischen und keynesianischen Ökonomie ist auch ein Überblick über die neueren Theorien enthalten. Der Titel ist zum *systematischen Vor-* und *Nacharbeiten* sowie als *Repetitorium* für Klausur und Examen gedacht. Er bietet insgesamt eine ausgewogene Präsentation des examensrelevanten Stoffes. Die Darstellung kann ebenfalls dazu dienen, sich einen *Überblick* zu verschaffen.

***Makroökonomik*** liegt nun in einer weiteren Neuauflage vor. Wir danken zwei wissenschaftlichen Assistenten, die anonym bleiben wollen, für wertvolle Hinweise. Das bewährte Konzept, das Thema besonders *verständlich* und *strukturiert* darzustellen, blieb unverändert. Den Berührungspunkten zwischen ***Makroökonomik***, ***Geldpolitik, Allgemeiner Wirtschaftspolitik*** und ***Außenwirtschaft***, zu denen ebenfalls Titel in dieser Reihe erschienen sind, wurde mit dem Einfügen von Querverweisen für den interessierten Leser Rechnung getragen. Bei der Gestaltung wurden, wie in der gesamten Reihe, die folgenden Merkmale besonders berücksichtigt:

- **Klare Struktur und Übersichtlichkeit:** Oberbegriffe erscheinen bei der ersten Erwähnung im Text **fettgedruckt.** Wichtige Sachverhalte werden durch *Kursivschrift* hervorgehoben. Durch Einrücken werden Unterteilungen sowie Beispiele gekennzeichnet. Der leider nicht einheitlichen Terminologie in der Literatur wird dadurch Rechnung getragen, daß der jeweils meistverwandte oder verständlichste Terminus benutzt wird. Andere, ebenfalls verwendete Begriffe werden in Klammern zusätzlich erwähnt, um dem Leser die Orientierung im von ihm verwendeten Lehrbuch zu erleichtern.

- **Abbildungen und Tabellen:** Die verbale Darstellung wird in den wesentlichen Teilen durch übersichtliche und prägnante *Abbildungen* bzw. *Tabellen* zusammengefaßt.

- **Beispiele und Übungsaufgaben:** Die (abstrakte) Formulierung des Sachverhalts wird durch konkrete *Beispiele* veranschaulicht, wo dies sinnvoll erscheint. Außerdem haben wir großen Wert auf *Übungsaufgaben* - natürlich alle mit *Lösungen* - gelegt, die den Einstieg in die intensive Wiederholung erleichtern.

Viel Spaß bei der Lektüre!

Die Autoren

# Inhaltsübersicht

# I. Grundlagen

## A. Gegenstand und Entstehung der Makroökonomik

### 1. Gegenstand der Makroökonomik

Die **Makroökonomische Theorie** beschäftigt sich mit Verhalten und den Bestimmungsgründen von **wirtschaftlichen Aggregaten**. Ein solches Aggregat kann zum Beispiel das Gesamteinkommen aller Wirtschaftssubjekte in einer Volkswirtschaft sein. Tatsächlich ist die Beschäftigung mit dem **Volkseinkommen** ein derartig herausragendes Teilgebiet der Makroökonomik, daß im anglo-amerikanischen Schrifttum auch gelegentlich von **income theory** gesprochen wird. Neben dem Volkseinkommen sind aber auch *Beschäftigung, Produktion, Zinsniveau, Inflation, Investitionen, Konsum* und die Wirkungen der *Geld-* und *Fiskalpolitik* auf diese Größen Gegenstand der Makroökonomik.

Das **gesamtwirtschaftliche Wachstum** wurde ebenfalls von der Makroökonomik untersucht. Aus zwei Gründen hat sich hier aber eine eigene Disziplin herausgebildet. Erstens ist die Literatur zu diesem Gebiet mittlerweile sehr umfangreich geworden. Zweitens werden in der Wachstumstheorie längerfristige Entwicklungen analysiert, während die Makroökonomik (besonders die Makroökonomik keynesianischer Prägung) eher von einer kurzfristigen Perspektive ausgeht.

### 2. Entstehung der Makroökonomik

Wie noch zu zeigen sein wird, waren für die **klassische Schule** (ca. 1770-1850, z.B. ADAM SMITH, DAVID RICARDO, JEAN BAPTISTE SAY, JOHN STUART MILL) die Makroökonomik, Mikroökonomik und Wachstumstheorie derartig eng verbunden, daß eine Trennung dieser Teilgebiete nicht wirklich möglich war (vgl. ***Allgemeine Wirtschaftspolitik***, Abschnitt 3.4). Die Klassiker unterschieden vor allem eine realwirtschaftliche und eine monetäre Betrachtungsweise, wobei die realwirtschaftliche Theorie (Werttheorie) den größten Raum einnahm. Besonders eine Unterscheidung der kurzfristigen und der langfristigen Perspektive kannten sie nicht, weil sie von einem allgemeinen, durch vollkommene Konkurrenz herbeigeführten Gleichgewicht ausgingen, das sowohl kurzfristig als auch langfristig Bestand haben würde. Nach Meinung der Klassiker konnte sich dieses Gleichgewicht der Wirtschaft erst verändern, wenn grundlegende *realwirtschaftliche Veränderungen* eintraten, so zum Beispiel ein Produktivitätsfortschritt, Kriege oder Rohstoffpreisschocks. Gegen Ende des neunzehnten Jahrhunderts wurde das Lehrgebäude der **Neoklassik** entwickelt, in dem die klassische Theorie mathematisch interpretiert und um das **Marginalprinzip** erweitert wurde. Das Marginalprinzip besagt, daß sich alle wirtschaftlichen Vorgänge als stetige und differenzierbare Fuktionen darstellen lassen (vgl. ***Allgemeine Wirtschaftspolitik***, Abschnitt 1.2.4, Fußnote 3).

JOHN MAYNARD KEYNES hat der Entwicklung einer eigenen Disziplin "Makroökonomie" entscheidende Impulse gegeben. Seine *"General Theory of Interest, Employment, and Money"* (1936) war eine theoretische Reaktion auf die Massenarbeitslosigkeit der Weltwirtschaftskrise. Für die Klassiker konnte die Arbeitslosigkeit nur einen Grund haben: zu hohe Reallöhne. Wenn ein Arbeiter nicht mindestens eine Grenzproduktivität hatte, die seinem Lohnniveau entsprach, konnte er nicht beschäftigt werden. Die Arbeitslosigkeit hatte bei den Klassikern also mikroökonomische Gründe, sie war in den Lohnforderungen des Wirtschaftssubjekts begründet.

Während der Wirtschaftskrise lag nach KEYNES eine Störung des **Gesamtgleichgewichts** der Wirtschaft vor, die nicht durch die mikroökonomische Vorgehensweise der Klassiker beschrieben werden konnte. Eine solche Störung macht sich dadurch bemerkbar, daß Menschen Arbeit suchen und auch zu einem hypothetisch "richtigen" Reallohn - oder sogar zu einem zu niedrigen Reallohn - keine Beschäftigung finden konnten.

Aus den KEYNESschen Erklärungsansätzen entstand dann eine neue Richtung der Nationalökonomie - die Makroökonomik. Das KEYNESsche System hat wesentlich dazu beigetragen, die moderne **Volkswirtschaftliche Gesamtrechnung** (VGR) zu begründen. Die Volkswirtschaftliche Gesamtrechnung baut wesentlich auf den von Keynes entwickelten Begriffen auf, macht diese meßbar und liefert wiederum die empirischen Daten für Tests und Weiterentwicklung der ökonomischen Theorien. Die **monetaristische Theorie** und die **Neuklassik** sind neuere Entwicklungen der Makroökonomik, welche zu zeigen versuchen, daß ein Unterbeschäftigungsgleichgewicht im Sinne von KEYNES nicht existieren kann.

### 3. Makroökonomik, Mikroökonomik und Geldtheorie - einige weitere Abgrenzungen

Es ist wichtig, die entscheidenden Begriffe am Anfang einmal im Gesamtzusammenhang vorzustellen. Im Gegensatz zur Makroökonomik beschäftigt sich die **Mikroökonomik** mit dem Verhalten einzelner Wirtschaftssubjekte. Es werden die Bestimmungsgründe von Arbeitsangebot, Arbeitsnachfrage, Kapitalangebot, Kapitalnachfrage etc. im Einzelfall untersucht. Dies schließt nicht aus, daß man zu Aussagen über die Situation einer gesamten Wirtschaft gelangt (für eine ausführliche Darstellung vgl. ***Mikroökonomik***). Die **Geldtheorie** untersucht die Aufgaben und die Wirkungsweise des Geldes. Unterschiedliche Auffassungen in der Geldtheorie machen einen wichtigen Teil der Kontroverse zwischen den makroökonomischen Theorien aus (vgl. ***Geldpolitik***, Kapitel 9 und ***Allgemeine Wirtschaftspolitik***, Abschnitt 4.2.1).

## B. Kreislauftheoretische Grundbegriffe der Makroökonomik

In der gesamten Darstellung wird von einer **geschlossenen Volkswirtschaft**, d.h. einer Volkswirtschaft ohne Außenhandel, ausgegangen, solange nicht ausdrücklich von einer offenen Volkswirtschaft gesprochen wird. Dies erleichtert die Darstellung wesentlich, ohne die Ergebnisse prinzipiell zu verändern. Die Makroökonomik beschäftigt sich mit dem Einkommen einer Volkswirtschaft. Als **Einkommen** gelten alle in einem Zeitraum (meistens ein Jahr) produzierten Güter und Dienstleistungen. Die Volkswirtschaftliche Gesamtrechnung hat ein System von sieben größeren Rechnungswerken entwickelt. Drei davon interessieren uns hier näher, weil ihre definitorischen Festlegungen in der gesamten Makroökonomik wieder auftauchen: die **Einkommensentstehungsrechnung**, die **Einkommensverwendungsrechnung** und die **Einkommensverteilungsrechnung**.

- Einkommen entsteht in den drei Sektoren der Wirtschaft: bei den Unternehmen, dem Staat und den Haushalten.

- Einkommen kann verwendet werden für den privaten Verbrauch, den Staatsverbrauch und Investitionen (und ggf. zur Finanzierung eines Handelsdefizits).

- Das Bruttoeinkommen verteilt sich auf Einkommen aus unselbständiger Arbeit, Einkommen aus Unternehmertätigkeit und Vermögen, Abgaben an den Staat (z.B. Steuern abzüglich Subvetionen) und Abschreibungen.

| **Bruttosozialprodukt** | | |
|---|---|---|
| *Entstehung* | *Verwendung* | *Verteilung* |
| Unternehmen | Privater Verbrauch (Konsum) | Verfügbares Einkommen aus unselbständiger Arbeit |
| | | Verfügbares Einkommen aus Unternehmertätigkeit und Vermögen |
| | Staatsverbrauch | Abgaben (Steuern) |
| Staat | Bruttoinvestitionen | Abschreibungen, indirekte Steuern, Subventionen |
| Haushalte | Außenbeitrag | |

Die Ermittlung des Einkommens durch die drei Methoden muß theoretisch identische Ergebnisse liefern: Bei der Entstehungsrechnung wird der Wert einer Jahresproduktion gemessen, bei der Verwendungsrechnung wird die Summe der am Markt gehandelten Waren und die Eigeninvestitionen in Lagerbestände und Maschinenpark gemessen. Bei der Verteilungsrechnung werden die Verdienste der einzelnen Produktionsfaktoren gemessen.

## C. Die Analyse von Märkten

### 1. Die Funktionsweise von Märkten

Ein **Markt** ist ein gedachter Ort, an dem Angebot und Nachfrage aufeinandertreffen. Wenn die Preise und Mengen der nachgefragten Güter beweglich sind, werden sich ein *Gleichgewichtspreis* und eine *Gleichgewichtsmenge* durch einen *Anpassungsprozeß* einstellen (vgl. ***Mikroökonomik***, Abschnitt 4.2.1). In den meisten Fällen wird die **komparativ-statische Analyse** angewendet. Dies heißt, daß man zunächst eine Störung des Gleichgewichts annimmt. Ein anonymer "Auktionator" vergleicht nun die Preise und Mengen in der Volkswirtschaft und bietet die Güter zu verschiedenen Preisen an. (Dieser Auktionator ist ein reines gedankliches Konstrukt. Im Endstadium wird ein neues Gleichgewicht erreicht.) **"Komparativ-statische Analyse"** heißt, daß nur das Anfangsstadium und das Endstadium betrachtet werden. Im Gegensatz dazu wird bei der (selteneren, weil schwierigeren) **dynamischen Analyse** auch der Anpassungsprozeß selber untersucht.

Abbildung 1 verdeutlicht einen solchen Markt, z.B. den Markt für Automobile. Auf der Ordinate ist der Preis (p) eingetragen, auf der Abszisse die Menge (q). d steht für die Nachfrage (engl. demand), s für das Angebot (supply). In der Regel wird die **Angebotskurve** einen steigenden Verlauf haben, weil für höhere Preise auch größere Mengen angeboten werden können.

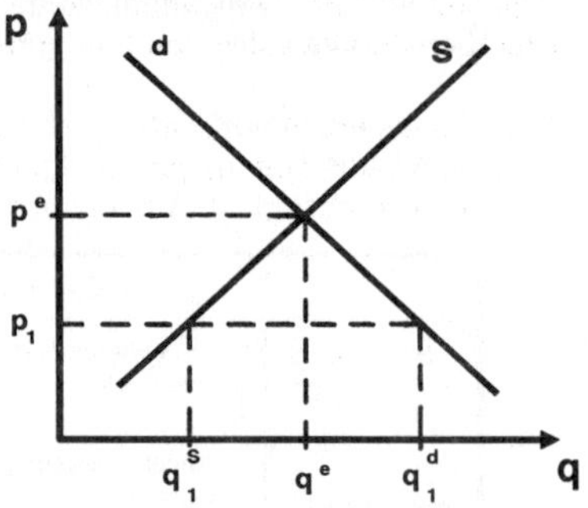


Die **Nachfragekurve** verläuft entgegengesetzt: Bei höheren Preisen werden kleinere Mengen nachgefragt. Zum Preis $p_1$ wird die Menge $q_1{}^s$ angeboten und die Menge $q_1{}^d$ nachgefragt. Es existiert eine Überschußnachfrage in der Höhe von $q_1{}^d - q_1{}^s$. Weil nicht die gesamte Nachfrage befriedigt werden kann, werden sich die Nachfrager gegenseitig überbieten, bis Gleichgewichtsmenge $q^e$ und Gleichgewichtspreis $p^e$ erreicht worden sind. Es findet erst ein Tausch statt, wenn der "Auktionator" die Gleichgewichtspreise gefunden hat. Vorher wird nicht getauscht.

*Anpassungsprozesse* werden vor allem in der mikroökonomischen Theorie, aber auch in einigen komplizierten Modellen der makroökoomischen Theorie genauer analysiert. Sie müssen nicht immer in der obigen Form ablaufen. Wenn z.B. das Angebot mit einer zeitlichen Verzögerung auf die Nachfrage reagiert, sind Fälle denkbar, bei denen nach einem Nachfrageüberschuß in der nächsten Periode zuviel produziert wird und dadurch noch ein größerer Angebotsüberschuß existiert. Dieser führt dann, weil sich die Anbieter wieder mit zeitlicher Verzögerung einschränken, zu einem noch größeren Nachfrageüberschuß in der übernächsten Periode.

Diese Reaktion von Anpassungsprozessen ist als **Cobweb-Theorem** (Spinnweb-Theorem) bekannt (vgl. ***Mikroökonomik***, Abschnitt 4.2.1). Hier wird vorausgesetzt, daß die Individuen nicht lernfähig sind. Ob ein Gleichgewicht erreicht werden kann, hängt von der Steigung der Angebots- und Nachfragekurven ab. Grundsätzlich sind drei Arten von Gleichgewichten denkbar.

**Arten der Gleichgewichte**

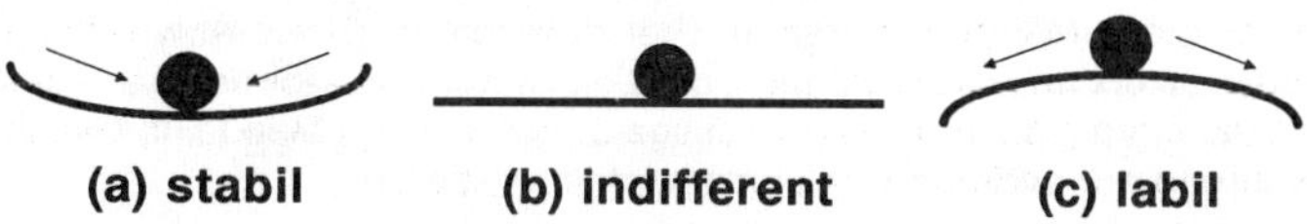


Abbildung 2

Bei einem *stabilen Gleichgewicht* (a) bewirken die Kräfte des Systems, daß der Gleichgewichtszustand bei einer Störung nach stark oder weniger stark ausgeprägten Oszillationen wieder eingenommen wird. Bei einem *indifferenten Gleichgewicht* (b) nimmt das System nach einer Störung eine neue Position ein. Auch bei einem *instabilen Gleichgewicht* (c) ist theoretisch ein Ruhepunkt denkbar. Aber schon die kleinste Störung wird die Kugel aus dem Gleichgewicht bringen. Die Kräfte des Systems werden die Störung noch verstärken.

## 2. Relevante Märkte für die Makroökonomik

Die *Unternehmen* produzieren Güter, fragen Arbeitskräfte nach und investieren. Die *Haushalte* konsumieren Güter, bieten ihre Arbeitskraft an und bilden Ersparnisse.

In der Makroökonomik werden vor allem drei Märkte untersucht.

- Auf dem **Arbeitsmarkt** werden unselbständige Arbeitsleistungen von Personen angeboten und von den Unternehmen nachgefragt. Für die Hingabe ihrer Arbeitsleistung wird den Arbeitskräften Lohn gezahlt.

- Auf dem **Kapitalmarkt** werden die Ersparnisse der Wirtschaftssubjekte angeboten. Definitionsgemäß investieren nur die Unternehmen und der Staat, so daß sie die einzigen Nachfrager nach Ersparnissen sind. Der Staat kann aber konsumieren, was für die Unternehmen laut Definition ausgeschlossen ist. Wirtschaftssubjekte haben nur die Wahl zwischen Ersparnisbildung und Konsum.

- Auf dem **Gütermarkt** werden schließlich Konsum- und Investitionsgüter angeboten. Die Unternehmen fragen Investitionsgüter nach, die Wirtschaftssubjekte Konsumgüter. Der Staat kann beides nachfragen. Anbieter sind die Unternehmen.

- Auf dem **Geldmarkt** werden Geldnachfrage und Geldangebot geregelt. Dies geschieht über den Zinssatz.

Die Aufgabe der Makroökonomik ist "lediglich", zu untersuchen, ob es Situationen gibt, in der diese Märkte simultan im Gleichgewicht sind, wie Abweichungen vom Gleichgewicht erklärt werden können, ob Gleichgewichte stabil oder instabil sind und ob es Situationen gibt, in denen nur einige der genannten Märkte im Gleichgewicht sind, während auf anderen Ungleichgewichte existieren.

An den obigen Definitionen läßt sich gut erkennen, wie stark Volkswirtschaftliche Gesamtrechnung und Makroökonomik in wechselseitiger Beziehung stehen. Die Märkte wurden so definiert, daß sie mit dem Rechenwerk der VGR zu vereinbaren sind. Dabei müssen wichtige Aspekte unberücksichtigt bleiben.

**Beispiel**: Gibt ein Wirtschaftssubjekt Geld für die Bildung in Form eines Hochschulstudiums aus, so wird dies dem Konsum zugeordnet, obwohl sich sicher gute Argumente finden ließen, die Ausgaben als Investition zu bezeichnen. Auf der anderen Seite könnte eine ganze Reihe von Unternehmensaktivitäten in die Rubrik Konsum eingeordnet werden, obwohl sie als Investition verbucht werden.

# II. Die Klassisch-neoklassische Theorie

## A. Einführung

Mit der Klassik, die Ende des achtzehnten Jahrhunderts u.a. von SMITH, SAY und RICARDO begründet wurde, läßt sich zum ersten Mal von einer eigenständigen Disziplin "Nationalökonomie" sprechen. Die bis dahin existierenden Vorläufer waren anderen Wissenschaftsgebieten zugeordnet worden (z.B. der Philosophie) oder behandelten nur ein enges Gebiet (z.B. die *Kameralwissenschaften* im *Merkantilismus*).

Am Anfang stand für die Klassiker das ***Koordinationsproblem***: Wie war es möglich, daß Millionen von Wirtschaftssubjekten eigene Pläne verfolgten und daß dennoch diese Pläne aufeinander abgestimmt waren? Diese Frage ist auch aus einer liberalen Grundposition heraus zu verstehen. Im Ständestaat hatten obrigkeitliche Strukturen das Verhalten des einzelnen weitgehend bestimmt. Die Klassiker bemühten sich nun um den Nachweis, daß es nicht nur möglich ist, die Pläne freier Wirtschaftssubjekte zu koordinieren, sondern, daß die Wirtschaftssubjekte bei freier Wahl sogar wirtschaftlich besser dastehen als in einem Obrigkeitsstaat. Ihre Antwort war, daß die *"unsichtbare Hand"* des Preismechanismus (ADAM SMITH) besser für die Koordination der Pläne sorgt, als dies jegliche Behörde könne.

## B. Marktanalyse im klassischen System

### 1. Prämissen

Die Klassik geht aus vom Idealbild der **vollständigen Konkurrenz**. Nur unter den Bedingungen der vollständigen Konkurrenz kann der Preismechanismus seine ganze Wirksamkeit entfalten. Vollständige Konkurrenz bedeutet:

- Es liegt **vollkommene Markttransparenz** vor, das heißt, alle Wirtschaftssubjekte sind über Preise und Mengen an den Märkten informiert.

- Die **Anpassungsgeschwindigkeit des Angebots** (der Nachfrage) ist unendlich groß.

- Der Preis ist einziges Entscheidungskriterium, das heißt, alle Güter sind **homogen**.

- Die Wirtschaftssubjekte haben **keine** personellen und sachlichen **Präferenzen**.

- Der Preis ist Datum, Unternehmen und Haushalte verhalten sich als **Mengenanpasser**. Dazu muß in der Regel ein atomistischer und punktförmiger Markt (Polypol, unendlich viele Nachfrager und Anbieter) vorliegen (vgl. ***Mikroökonomik***, Abschnitt 4.1).

In den im folgenden vorgestellten Modellen existieren zunächst nur zwei Sektoren, der Unternehmenssektor und die Haushalte. In einem späteren Kapitel wird der Staat in die Analyse einbezogen. Eine genaue Analyse der außenwirtschaftlichen Vorgänge findet sich im Titel ***Außenwirtschaft***, der ebenfalls in dieser Reihe erschienen ist.

## 2. Der Arbeitsmarkt

### a) Arbeitsangebot

Der Haushalt hat beim Arbeitsangebot zwischen den Vorteilen einer Einkommenserzielung und den Nachteilen zusätzlicher Arbeit abzuwägen. Dabei soll die **klassische Grenznutzenfunktion** gelten: Bei Erhöhung der Menge eines Gutes nimmt der Nutzen zu, der Nutzenzuwachs aber ab (GOSSEN*sches "Gesetz" vom fallenden Grenznutzen*). Der **Grenznutzen** ist hierbei definiert als Nutzenzuwachs pro zusätzlich konsumierter Gütereinheit.

**Beispiel**: Das erste und zweite Glas Wasser in der Wüste haben einen großen **Grenznutzen**, bei dem vierten oder fünften Glas nimmt der Grenznutzen aber schon merklich ab. Und bei einem Rohrbruch im Keller hat Wasser sogar einen negativen Grenznutzen.

Abbildung 3 verdeutlicht das Gesetz vom fallenden Grenznutzen. Auf der Abszisse ist die Menge (q) eines Gutes eingetragen. Mit jeder zusätzlichen Einheit des Gutes nimmt der Nutzen zu, aber der Nutzen*zuwachs* nimmt ab.

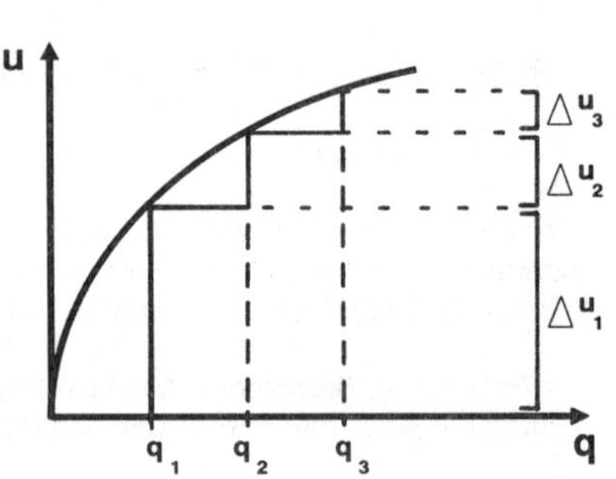

Abbildung 3

Die **Arbeitsangebotskurve** hat einen speziellen Verlauf: Mit steigendem Reallohn (w/P = Nominallohn geteilt durch das allgemeine Preisniveau) wird mehr Arbeit angeboten ($N^S$= Arbeitsangebot). Ab einem bestimmten Lohnniveau wird aber wieder weniger Arbeit angeboten. Das hängt damit zusammen, daß das Zeitbudget einer Arbeitskraft begrenzt ist und bei einem sehr hohen Lohnniveau der Grenznutzen aus zusätzlichem Einkommen kleiner wird als der Grenznutzen der Freizeit. Die Klassik geht davon aus, daß gesamtwirtschaftlich das Arbeitsangebot noch nicht ausgeschöpft ist, d.h., daß das gesamtwirtschaftliche Arbeitsangebot positiv auf eine Reallohnsteigerung reagiert.

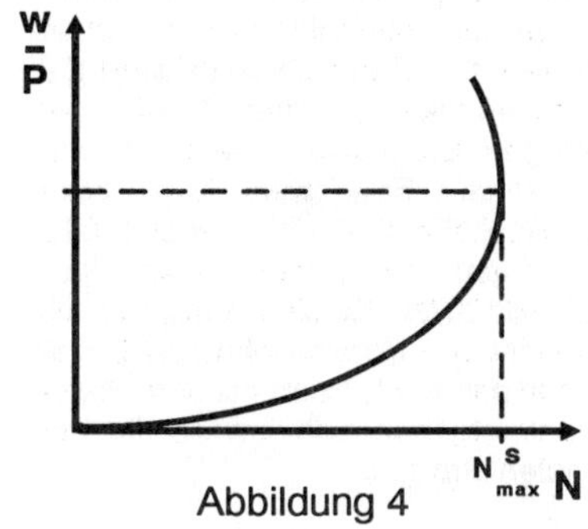

Abbildung 4

### b) Arbeitsnachfrage

Die **Produktionsfunktion der Unternehmen** hat dieselbe Form wie die Nutzenfunktion der Haushalte (vgl. Abb. 3). Mit zunehmendem Einsatz von Arbeitskraft (N) bei gleichem Kapitalbestand **(partielle Faktorvariation)** steigt der Output der Unternehmen (Y) zwar, aber unterproportional. Das heißt, pro zusätzlicher Einheit verwendeter Arbeitskraft kann das Unternehmen zwar mehr herstellen, aber der Produktionszuwachs ist bei dem ersten eingestellten Arbeiter höher als bei dem hundertsten. Das hängt damit zusammen, daß bei Einsatz von sehr viel Arbeitskraft die Maschinen immer knapper werden und die Arbeiter nicht mehr optimal beschäftigt werden können. Die Grenzproduktivität der Arbeit nimmt ab. Die **Grenzproduktivität** ist der physische Ertrag einer zusätzlichen Arbeitsstunde (vgl. ***Mikroökonomik***, Abschnitt 3.2.3.1). Es sind auch Fälle denkbar, in denen die Grenzproduktivität der Arbeit negativ ist; diese sollen aber hier nicht analysiert werden.

Der **Reallohn** (w/P) ist die physische Entlohnung einer zusätzlichen Arbeitsstunde, z.B. die Anzahl Brote, die ein Arbeiter für seinen Stundenlohn kaufen kann. Das Wertgrenzprodukt ist der mit seinem Absatzpreis bewertete Grenzertrag (vgl. ***Mikroökonomik***, Abschnitt 3.4.2). Wie Abbildung 5 verdeutlicht, ist es beim Einsatz der ersten Arbeitsmengen hoch und fällt dann kontinuierlich.

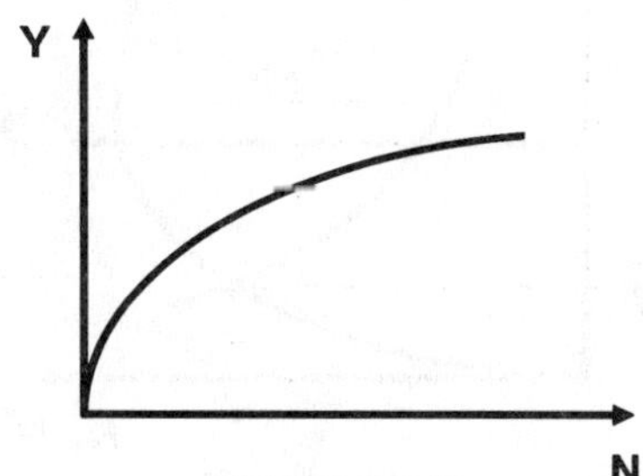

Abbildung 5

In Abbildung 6 wird nun die Nachfragemenge der Unternehmen nach Arbeit abgeleitet. Auf der Ordinate wird die Grenzproduktivität der Arbeit abgetragen. Die Kurve hat einen fallenden Verlauf. Eine zweite Kurve zeigt den Reallohn, w/P, der sich ebenfalls in diesem Koordinatensystem darstellen läßt. Der Reallohn stellt sich als Quotient von Nominallohn und Preisniveau dar. Multipliziert mit dem Preisniveau ergäben sich jeweils die nominalen Größen.

**Beispiel**: Wenn der Reallohn fünf Äpfel betragen würden und der Preis pro Apfel eine DM wäre, wäre der Nominallohn fünf DM.

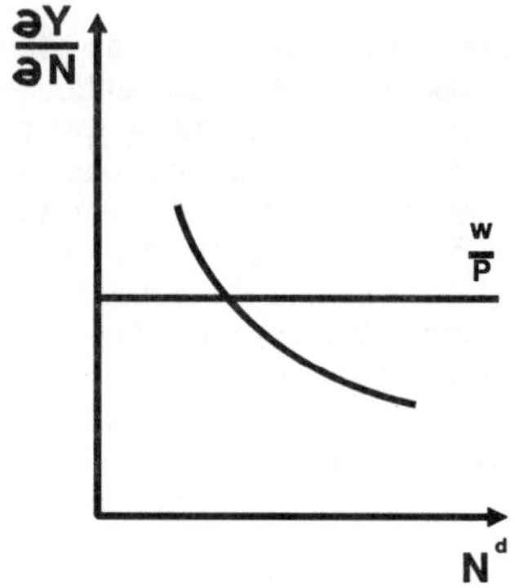

Abbildung 6

**c) Die Bestimmung des Gleichgewichts auf dem Arbeitsmarkt**

Ein Gleichgewicht auf dem Arbeitsmarkt läßt sich durch den Schnittpunkt von Arbeitsangebots- und Nachfragekurve bestimmen.

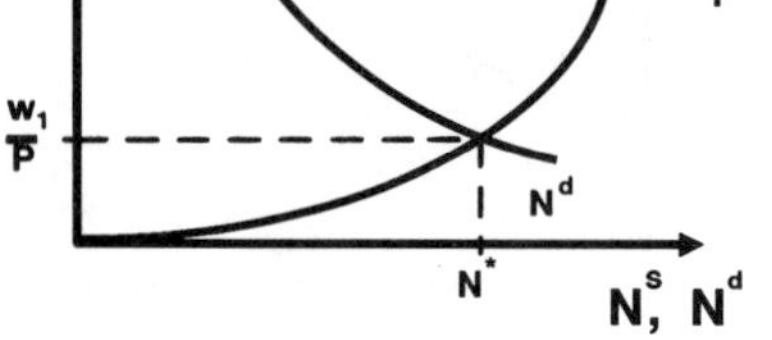

Abbildung 7

Besteht zunächst ein Reallohn von $w_0/P$, so ergibt sich ein Überschußangebot an Arbeit von $\Delta$ N. Nun wird die Konkurrenz unter den Anbietern von Arbeit einen durch gegenseitige Unterbietung induzierten Anpassungsprozeß der Löhne nach unten in Gang setzen, an dessen Ende das Erreichen eines Gleichgewichtslohnes $w_1/P$ steht. Zu diesem Lohn finden alle, die jetzt noch freiwillig Arbeit anbieten, auch eine Arbeitsstelle. Unter diesen Prämissen kann es also keine freiwillige Arbeitslosigkeit, sondern nur zu hohe Reallöhne geben. **Freiwillige Arbeitslosigkeit** ist gegeben, wenn einige Arbeiter bei einem niedrigen Reallohn darauf verzichten, ihre Arbeitskraft anzubieten.

## 3. Der Kapitalmarkt

**Kapital** ist das von den Wirtschaftssubjekten gehaltene Vermögen. Auf dem **Kapitalmarkt** werden die Ersparnisse der Haushalte und die Investitionen der Unternehmen determiniert. (Zur Vereinfachung sei angenommen, daß nur eine Form der Kapitalanlage - verzinsliche Wertpapiere - existiert.) Die **Kapitalnachfrage** geht von den Unternehmen aus: Sie geben verzinsliche Wertpapiere aus und finanzieren damit ihre Investitionen. Die Haushalte kaufen diese Wertpapiere - sie sparen.

Mit wenigen Prämissen läßt sich ein Kapitalmarktgleichgewicht determinieren. Das **Sparangebot** ist abhängig von der Höhe des realen Zinssatzes[1]: Ist der Zinssatz höher, wird auch mehr gespart. (Dies ist eine der umstrittenen Hypothesen der Klassik: KEYNES weist zu Recht darauf hin, daß auch die Erwartungen über eine zukünftige Entwicklung der Zinsen eine bedeutende Rolle spielen.)

Für den Produktionsfaktor Kapital läßt sich genauso wie für den Faktor Arbeit eine fallende Grenzproduktivitätskurve ableiten (vgl. S. 12-13). Demnach wird das Unternehmen solange Kapital nachfragen (investieren), bis der Ertrag des zusätzlich eingesetzten Kapitals dessen Kosten (Realzinsen) entspricht. Abbildung 8 verdeutlicht dieses Gleichgewicht. Im Schnittpunkt der Kurven entsprechen sich bei einem Gleichgewichtszinssatz $i^*$ Sparangebot und Investitionen.

## 4. Der Gütermarkt

Auf dem **Gütermarkt** fragen die Haushalte Konsumgüter und die Unternehmen Investitionsgüter nach. Beide Güterarten werden analytisch nicht unterschieden: Im Modell ergibt sich immer nur ein aggregiertes Produktionsvolumen (Y). Güter werden von den Unternehmen angeboten. Eine separate Analyse des Gütermarktes ist in der Klassik nicht erforderlich. Solange der Kapitalmarkt und der Arbeitsmarkt im Gleichgewicht sind, muß auch der Gütermarkt im Gleichgewicht sein.

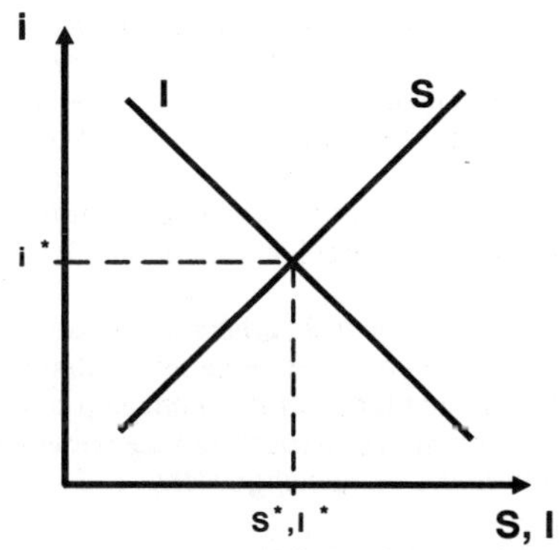


Abbildung 8

[1] Der **reale Zinssatz** ist gleich dem nominalen Zinssatz minus der Inflationsrate.

Auf dem Arbeitsmarkt existiert ein Gleichgewicht, d.h. hier wird das Volkseinkommen determiniert. Abbildung 9 kombiniert die Produktionsfunktion (5) und die Darstellung des Arbeitsmarktes (7) und macht deutlich, in welcher Weise das Volkseinkommen determiniert wird.

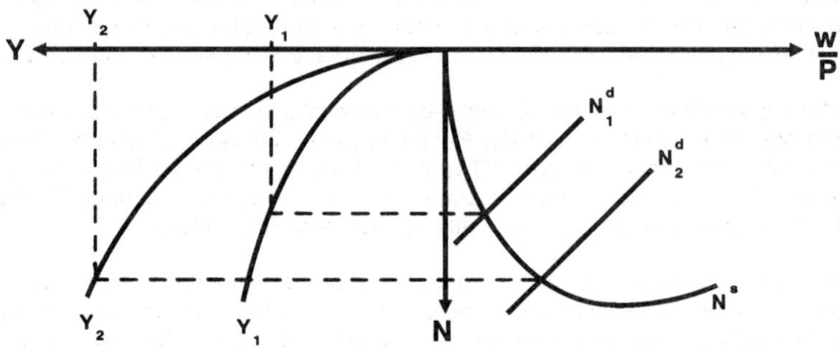


Abbildung 9

Bei der gegebenen Nachfragekurve der Unternehmen nach Arbeit ($N^d{}_1$) befindet sich der Arbeitsmarkt im Schnittpunkt der Nachfragekurve und der parabelförmigen Arbeitsangebotskurve im Gleichgewicht. Mit der im Schnittpunkt geleisteten Arbeitsmenge kann ein Volkseinkommen von $Y_1$ erzielt werden. Verändert sich die Arbeitsnachfrage, z.B. dargestellt durch die Kurve $N^d{}_2$, wird ein Volkseinkommen von $Y_2$ produziert. Die Arbeitsnachfrage kann sich im klassischen Modell z.B. erhöhen, wenn technischer Fortschritt stattfindet.

Ein Gleichgewicht zwischen angebotenen und nachgefragten Gütern besteht, weil alles, was von den Haushalten verdient wird, entweder konsumiert oder gespart wird. Der Kapitalmarkt sorgt gleichzeitig dafür, daß ein Gleichgewichtszinssatz existiert, zu welchem die Ersparnisse auch investiert werden. Damit ist automatisch auch der Gütermarkt im Gleichgewicht.

Die obigen Zusammenhänge werden auch *SAYsches Theorem* genannt. Sein Kerngehalt läßt sich in dem Satz zusammenfassen, daß jedes Angebot sich seine Nachfrage schafft.

**Beispiel**: Die Konsumgüternachfrage geht zurück und die Haushalte sparen mehr. Dann ist ein größeres Kapitalangebot bei gleicher Kapitalnachfrage vorhanden. Der Zinssatz sinkt. Dadurch wird mehr Kapital für Investitionen nachgefragt. Gleichzeitig geht aber auch das Sparangebot wieder zurück, weil Sparen nicht mehr so attraktiv ist. Insgesamt wird sich ein niedrigerer Zinssatz als vor dem Rückgang der Konsumgüternachfrage einstellen, bei dem mehr gespart und weniger konsumiert wird. Das Volkseinkommen ist aber konstant geblieben, weil sich an dem Stand des technischen Wissens und den Reallöhnen nichts verändert hat. Damit kann sich im neuen Gleichgewicht nur die *Aufteilung* des Volkseinkommens auf Konsum und Investition verändert.

Angenommen, der Stand des technischen Wissens und damit die Grenzproduktivität der Arbeit würden sich erhöhen. Dann würde sich die Arbeitsnachfragekurve der Unternehmen nach unten verschieben, weil sie einen höheren Reallohn zahlen könnten ($N_2^d$). Dies resultiert im normalen Bereich in einer Ausweitung des Arbeitsangebotes. Gleichzeitig wird die Produktionsfunktion flacher, weil nun mit derselben Arbeitsmenge mehr produziert werden kann. Es ist ein neues Volkseinkommen, $Y_2$, determiniert. Es ist nicht gesagt, daß das zusätzliche Einkommen ausschließlich konsumiert wird. Durch die technische Neuerung ist auch die Grenzproduktivität des Kapitals größer geworden, so daß auch mehr Kapital zu einem höheren Zins nachgefragt werden kann. Ob sich das Verhältnis von Konsum zu Sparquote ändert, hängt ausschließlich davon ab, ob die Steigerung der Grenzproduktivität des Kapitals oder der Arbeit höher war.

### 5. Der Geldmarkt

Geld hat in der klassischen Lehre zwei Funktionen: eine **Zahlungsmittelfunktion** und eine **Rechenmittelfunktion**.

Beide sind einfach zu erklären. Geld erleichtert den Tausch zwischen den Gütern wesentlich. Ein Bäcker, der Schuhe haben möchte, muß nicht versuchen, dem Schuster seine Brötchen zu verkaufen, sondern kann mit Geld bezahlen. Effizienzgewinne lassen sich auch durch die Rechenmittelfunktion begründen. Die Zahl der relativen Preise -das sind die Knappheitsverhältnisse zwischen den einzelnen Gütern - ist in einer Geldwirtschaft um viele Größenordnungen geringer. Dies ermöglicht Effizienzgewinne (vgl. ***Allgemeine Wirtschaftspolitik***, Abschnitt 4.2.1; ***Geldpolitik***, Abschnitt 7.3 ff.)

Für die Klassiker gab es nur ein Motiv der Geldhaltung, das **Transaktionsmotiv**. Geld wird nur gehalten, um damit die laufenden Zahlungen zu tätigen. Dies wird durch Abb. 10 verdeutlicht. Zum Zeitpunkt $t_0$ sollen die Unternehmen alles Geld an die Haushalte ausgezahlt haben (Zahltag). Sie produzieren kontinuierlich und die Haushalte kaufen kontinuierlich die produzierten Waren. Zum Zeitpunkt $t_1$ ist somit wieder das gesamte Geld in die Kassen der Unternehmen gewandert. Ein neuer Zyklus kann beginnen. Offensichtlich wird bei dieser Zahlungsweise die Geldmenge $M_0$ benötigt. Sollten die Unternehmen doppelt so häufig zahlen, so benötigten die Haushalte nur noch die halbe Geldmenge, weil ihre Kassen schon nach der halben Zeit wieder aufgefüllt werden.

Der Wert der im Zeitraum $t_2$-$t_0$ nachgefragten Güter in Abbildung 10 beträgt entweder zweimal die Geldmenge $M_0$ oder viermal die Geldmenge $M_1$. Wenn wir die **Umlaufgeschwindigkeit des Geldes** (v) definieren als die Häufigkeit, in der eine Geldmenge pro Periode den Besitzer wechselt, so hat das Geld hier die Umlaufgeschwindigkeiten 2 und 4. Reziprok zur Umlaufgeschwindigkeit läßt sich ein **Kassenhaltungskoeffizient** definieren: k = 1/v. In Abb. 10 läßt sich der Zusammenhang gut ableiten: Bei der doppelten Umlaufgeschwindigkeit ist nur noch die halbe Geldmenge zu Transaktionszwecken notwendig.

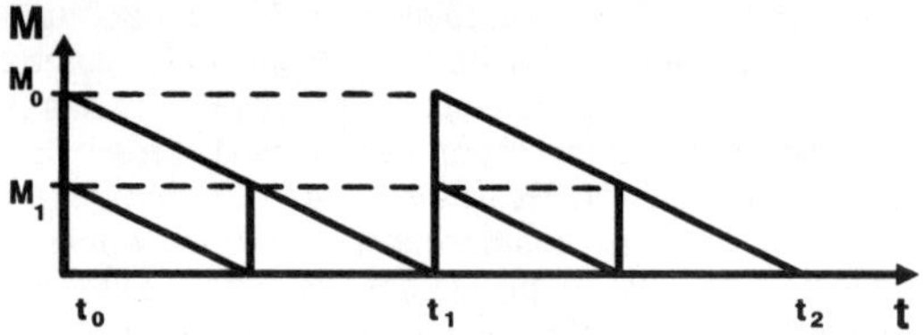


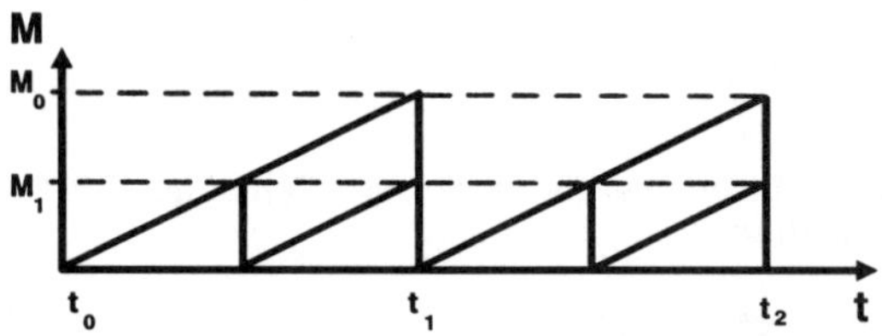


Abbildung 10

Die *Geldnachfrage* hängt nun ab vom Kassenhaltungskoeffizienten, dem Realeinkommen und dem Preisniveau. An Abbildung 10 läßt sich das gut demonstrieren: Ist das Realeinkommen groß, wird auch mehr Geld nachgefragt. Ist der Kassenhaltungskoeffizient groß (die Umlaufgeschwindigkeit demnach klein), wird ebenfalls mehr Geld nachgefragt. Das Bindeglied zwischen dem Realeinkommen und der monetären Geldnachfrage bildet das Preisniveau: Ist das Preisniveau hoch, steigt die Geldnachfrage. Es ergibt sich die folgende Gleichung:

(1) $L^d = k \times P \times Y$

Im Gleichgewicht muß aber die Geldnachfrage der angebotenen Geldmenge entsprechen. Damit gilt:

(2) $L^d = M = k \times P \times Y$ (3) $k = \frac{1}{v}$

Durch Einsetzen von (3) in (2) und Umstellen ergibt sich:

$$(4)\quad M \times v = P \times Y$$

Die Klassiker setzten ein *kurzfristig konstantes Volkseinkommen* und eine *konstante Umlaufgeschwindigkeit des Geldes* voraus. Dann kann sich bei gegebenem Realeinkommen eine Geldmengenausweitung nur auf das Preisniveau auswirken. Die Existenz von Geld ist zwar sehr wichtig zur Vermeidung von Reibungsverlusten, aber die Menge des vorhandenen Geldes ist für die Klassiker irrelevant. "*Money is a veil*" (PIGOU). Es wurde die Auffassung vertreten, daß Geld ein Schleier über den realen Gütern sei, der selber keinerlei reale Wirkungen habe. Das ist das Prinzip der **Dichotomie** der güter- und der geldwirtschaftlichen Sphäre. Beide sind im Prinzip nicht miteinander verbunden (vgl. ***Geldpolitik***, Kapitel 9).

Diese theoretische "Entthronung des Geldes" kann auch als Reaktion auf den Merkantilismus und die Kameralwissenschaften gesehen werden, die den nationalen Reichtum mit dem nationalen Goldvorrat identifizierten. Die Klassiker setzten dem die Auffassung gegenüber, daß sich der Wohlstand eines Landes nur an seiner Ausstattung mit Gütern messen lasse.

### 6. Das klassische Modell im Überblick

In der Abbildung 11 sind die schon bekannten Darstellungen für den Arbeitsmarkt, den Gütermarkt und den Kapitalmarkt kombiniert. Lediglich die beiden oberen Quadranten sind neu. Im rechten oberen Quadranten wird die Quantitätstheorie dargestellt. Bei großem Einkommen und gegebener Geldmenge muß das Preisniveau niedrig sein (d.h. für eine Geldeinheit können viele Güter gekauft werden); bei gegebener Geldmenge und kleinem Einkommen ist das Preisniveau hoch. Durch Umformung von (4) läßt sich P in Abhängigkeit von Y darstellen:

$$(5)\quad P = \frac{M}{k \times Y}$$

Die Kurven links oben sind Orte gleichen Nominallohns: Fällt z.B. der Reallohn, so kann der Nominallohn durchaus gleichbleiben, wenn das Preisniveau steigt.

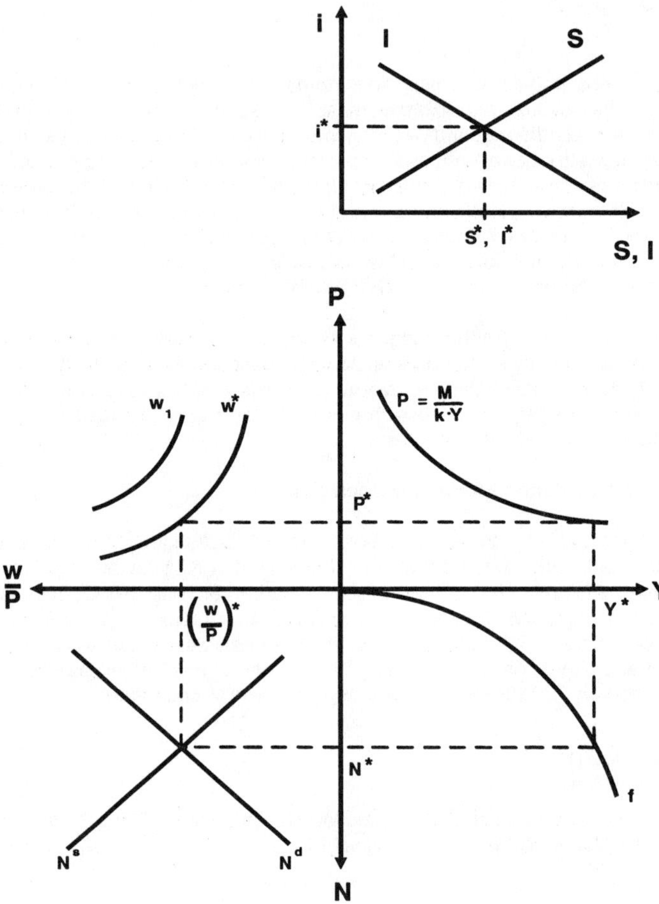


Abbildung 11

# III. Die keynesianische Theorie

## A. Einführung

Wie schon auf S. 6 erwähnt, entstand die keynesianische Theorie als Reaktion auf die Weltwirtschaftskrise.[2] Sie war zur damaligen Zeit eine revolutionäre Interpretation des ökonomischen Gesamtgleichgewichts, obwohl auch schon vor KEYNES einzelne Ansätze in Richtung einer "keynesianischen" Theorie vorhanden waren. Der Einfluß der "General Theory" beruht auf mehreren Fakten. Erstens war KEYNES schon zur Zeit der Veröffentlichung der "Theory" einer der bekanntesten Ökonomen seiner Zeit. Zweitens wurde angesichts der Krise nach neuen Erklärungsansätzen gesucht. Drittens ist die General Theory zwar mit brillianten Einfällen und geschliffenen Aphorismen durchsät, sie erhält aber auch gleichzeitig sehr viele vage Stellen, so daß jeder Ökonom seine eigene KEYNES-Interpretation "basteln" durfte. In England geht das Bonmot um, daß von drei Ökonomen vier Meinungen vertreten wurden: Zwei Ökonomen hatten ihre eigene Position, KEYNES hatte deren zwei.

In den folgenden graphischen Darstellungen verwenden wir die KEYNES-Interpretation von HICKS und HANSEN, die auch **neoklassiche Synthese** genannt wird, weil sie die Keynesschen Gedanken in das neoklassische Gebäude integriert. Diese Synthese ist die am weitesten verbreitete KEYNES-Interpretation; man findet sie auch in fast allen Lehrbüchern. Es soll aber darauf hingewiesen werden, daß noch viele andere Interpretationen existieren (vgl. S. 51 ff., S. 57 ff.). KEYNES' "General Theory" ist hauptsächlich verbal und nicht mathematisch formuliert. Sie läßt daher viel Raum für Interpretationen.

Ein zentraler Ansatzpunkt der "General Theory" ist die Analyse der **effektiven Nachfrage**. Die Klassiker hatten argumentiert, daß sich jedes Angebot seine Nachfrage schaffe: Was produziert wird, wird auch zu höheren oder niedrigeren Preisen abgesetzt. Die Höhe des Volkseinkommens wurde auf dem Arbeitsmarkt bestimmt, sie hing zum einen ab von den Präferenzen der Wirtschaftssubjekte, welche die Form der Arbeitsangebotskurve bestimmen und zum anderen von dem gegebenen Kapitalbestand und dem technischen Wissen, welche die Grenzproduktivität der Arbeit und damit die Arbeitsnachfrage determinieren. Ist das mögliche Güterangebot dadurch gegeben, so wird auf dem Kapitalmarkt nur noch festgelegt, wieviel der Gesamtsumme für den Konsum und wieviel für Investitionen verwendet wird.

---

[2] In der Weltwirtschaftskrise von 1929-1939, auch als *"große Depression"* bezeichnet, ging das Volkseinkommen in vielen Ländern um 30 % und mehr zurück.

Bei KEYNES ist es nun möglich, daß *freiwillig* mehr Arbeit angeboten als nachgefragt wird. Das hat seinen Grund darin, daß die effektive, am Markt in Form von Kaufwünschen geäußerte Nachfrage zu gering ist, um Vollbeschäftigung zu sichern. Im Keynesschen System schafft sich die Nachfrage (innerhalb gewisser Grenzen) ihr Angebot. Ex post muß auch im KEYNESschen System gelten, daß die Summe aus Konsum und Investitionen gleich dem Volkseinkommen ist. Nur wird hier nicht das Volkseinkommen auf Konsum und Investitionen aufgeteilt, sondern Konsum und Investitionen schaffen sich quasi "ihr" Volkseinkommen.

## B. Nachfrage

### 1. Konsumnachfrage

KEYNES stellt zur Konsumnachfrage eine andere Verhaltenshypothese als die Klassiker auf: Für ihn ist die Konsumnachfrage vom Realeinkommen und nicht vom Zins abhängig. Er sieht auch andere Faktoren, welche die Konsumnachfrage beeinflussen, kommt aber zu dem Schluß, daß kurzfristig das Volkseinkommen der bedeutendste Faktor ist. Die **marginale Konsumquote**

$$(6) \quad C' = \frac{dC}{dY}$$

gibt an, welcher Anteil des zusätzlichen Einkommens ausgegeben (konsumiert) wird. Weil Y = C + S gilt, muß der Anteil des Einkommens, der nicht ausgegeben wird, gespart werden. Damit addieren sich marginale Sparquote und marginale Konsumquote zu eins.

$$(7) \quad 1 = \frac{dC}{dY} + \frac{dS}{dY} \quad mit \quad 1 = C' + S'$$

Werden z.B. von jeder verdienten Geldeinheit 0,8 ausgegeben, so müssen zwangsläufig 0,2 gespart werden. Im folgenden wird eine lineare Konsumfunktion angenommen. Selbst bei einem Einkommen von Null wird dann noch konsumiert, weil die Wirtschaftssubjekte ja ihre grundlegenden Bedürfnisse befriedigen müssen. Man kann sich dies so vorstellen, daß der Kapitalstock aufgezehrt, "entspart", wird. Dies ist der sogenannte **autonome Konsum.** In der Praxis ist jedoch der autonome Konsum lediglich eine statistische Größe. Bei einem Volkseinkommen von Null können Maschinen nicht über Nacht in Konsumgüter umgewandelt werden. Der Konsum steigt dann mit steigendem Einkommen um die marginale Konsumquote: Steigendes Einkommen bewirkt einen Anstieg des Konsums, aber um weniger als das Einkommen selber angestiegen war (*fundamentalpsychologisches Gesetz von KEYNES*).

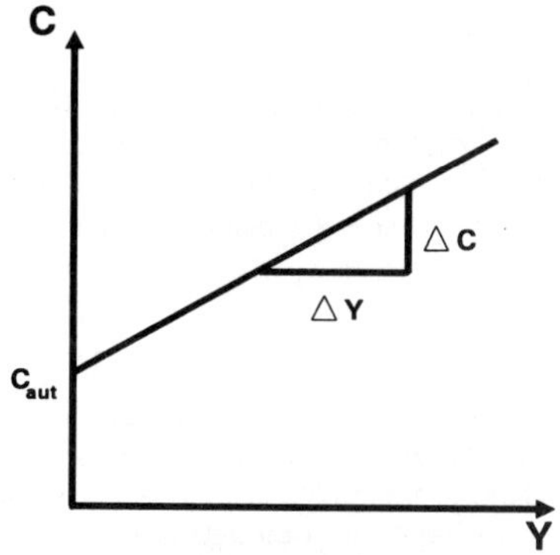


Abbildung 12

Dieser Zusammenhang läßt sich wie folgt formalisieren:

$$(8)\quad C = C_{aut} + C' \times Y$$

## 2. Investitionsnachfrage

KEYNES liefert auch neue Hypothesen für die *Investitionsnachfrage*. Bei den Klassikern wurde Kapital solange nachgefragt, bis die Grenzproduktivität des Kapitals dem Zinssatz entsprach. KEYNES bezieht nun die Erwartungen der Investoren mit ein.

Die **Grenzleistungsfähigkeit des Kapitals** wird bei KEYNES nicht mehr als *physische Grenzproduktivität* definiert, sondern als *interner Zinsfuß eines Investitionsvorhabens.* (Beim internen Zinsfuß wird die Investition einer Summe X in Produktivvermögen zum Zeitpunkt $t_0$ mathematisch wie eine Festzinsanlage in gleicher Höhe behandelt. Man fragt, welche Rendite die Investition erbringt.) Die Methoden der Investitions- und Finanzrechnung zeigen, daß der interne Zinsfuß von den *erwarteten Nettoeinnahmen und ihrer zeitlichen Verteilung* abhängt. Erwartet der Investor aufgrund ungünstiger gesamtwirtschaftlicher Entwicklungen in der Zukunft nur noch kleine Einzahlungen, so wird der interne Zinsfuß seines Projektes sinken, ohne daß sich an der physischen Grenzleistungsfähigkeit des Kapitals etwas geändert hat. Die gesamtwirtschaftlichen Investitionen sind bei **gegebenen** Zukunftserwartungen in folgender Weise vom Zinssatz abhängig. Für Investitionen soll wie für die anderen Produktionsfaktoren auch das Gesetz vom abnehmenden Grenzertrag gelten. Je mehr von dem Faktor Kapital eingesetzt wird, um so geringer wird sein Grenzertrag (*Neoklassische Produktionsfunktion*).

Der Grenzertrag der Investitionen muß aber dem Zinssatz entsprechen, weil mindestens die Kosten verdient werden müssen. Das heißt, daß bei einem hohen Zinssatz nur ein geringes Investitionsvolumen getätigt werden kann, während bei niedrigem Zinssatz ein hohes Investitionsvolumen getätigt werden kann. Zinsen und Investitionen verhalten sich gegenläufig. Bei gegebenen Erwartungen verhält sich die Zinsnachfrage wie im neoklassischen Modell. Durch eine Veränderung der Erwartungen kann sich aber der interne Zinsfuß von Projekten rasch ändern, ohne daß sich deren physische Beschaffenheit geändert hätte. Dies ist die Neuerung.

### 3. Die Bestimmung des Volkseinkommens

Die Bestimmung des Volkseinkommens ergibt sich bei Keynes aus der Kreislaufdefinition. Voraussetzung bei der folgenden mathematischen und graphischen Darstellung ist, daß unausgelastete Produktionskapazitäten vorhanden sind. Ansonsten äußert sich auch im keynesianischen Modell eine Ausweitung der effektiven Nachfrage in Inflation.

**(9)** $Y = C + I$

Im folgenden Schaubild ist die Nachfrage auf der Ordinate und das Volkseinkommen auf der Abszisse abgetragen. Die Winkelhalbierende des Koordinatensystems beschreibt alle Orte, bei denen die Nachfrage gleich dem Volkseinkommen ist. Im Koordinatensystem ist die Konsumnachfragekurve eingetragen, die jedem Volkseinkommen eine Konsumnachfrage zuordnet {C(Y)}. Das Investitionsvolumen ist gegeben und konstant und äußert sich in einer Parallel verschiebung der Konsumfunktion nach oben {C(Y)+I}. Die Sparfunktion schneidet die Abszisse. Bei Y = 0 muß die Sparfuktion negativ sein (entsparen) und beim **Gleichgewichtseinkommen** genau gleich hoch wie das Investitionsvolumen sein. Im Gleichgewicht gilt I = S.

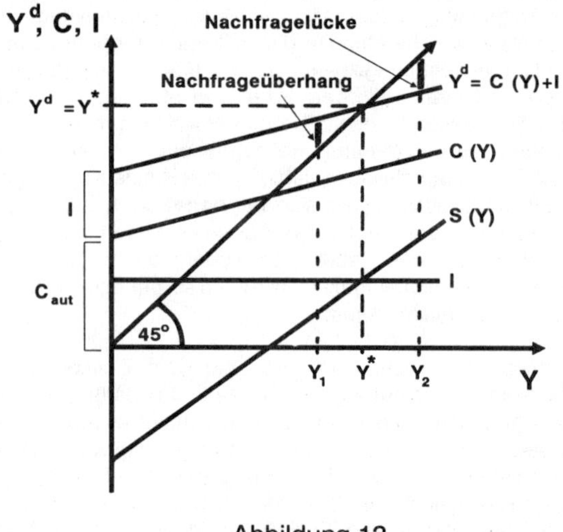


Abbildung 13

Wird nun das Einkommen $Y_2$ verdient, so sieht man, daß keine Nachfrage in Höhe des gesamten Volkseinkommens vorhanden ist. Es existiert eine **Nachfragelücke** (deflationary gap). Bei $Y_1$ wird hingegen zuviel nachgefragt: Es besteht ein **Nachfrageüberhang** (inflationary gap).

Bei der Nachfragelücke wird in der nächsten Periode nur noch soviel produziert, wie nachgefragt worden war. Weil diese Nachfrage geringer ist, als das potentiell mögliche Volkseinkommen, setzt ein Kontraktionsprozeß ein. (Wenn allerdings in der vorherigen Periode Inflation herrschte, kann eine solche Nachfragelücke erwünscht sein. Sie wird sich dann zunächst nur in einem Rückgang der Inflation auswirken.) Bei $Y_1$ passiert das Gegenteil: der Nachfrageüberhang bewirkt einen Expansionsprozeß, bei dem zum Schluß ein höheres Einkommen (z.B. $Y^*$) erreicht werden kann. (Wenn allerdings die Kapazitäten ausgelastet sind, führt der Nachfrageüberhang nur zu Inflation (z.B. bei $Y^*$).)

Das Revolutionäre an der KEYNESschen Bestimmung des Volkseinkommens ist, daß bei gegebenen Investitionen nur ein Gleichgewichtseinkommen existiert (in der Abbildung $Y^*$). In der Klassik wurde behauptet, daß sich die Nachfrage "automatisch" in der Höhe jedes Einkommens auf Konsum und Investitionen aufteilen würde und daher alle Einkommensniveaus denkbar wären. Das Niveau wurde dann über den Arbeitsmarkt determiniert. Bei KEYNES schafft sich das Volkseinkommen (Angebot) nicht selbst seine Nachfrage. Damit ist es reiner Zufall, ob ein Gleichgewichtseinkommen erreicht wird. Ist die effektive Nachfrage kleiner als die für ein Gleichgewicht nötige Nachfrage, so werden Produktion und Beschäftigung reduziert, und zwar unabhängig davon, ob der Reallohn vielleicht die "richtige" Höhe hat.

In der Klassik existierte ein selbstregulierender Automatismus, weil Sparen und Investitionen beide vom Zinssatz abhingen. Bei Keynes ist das nicht gegeben, weil das Sparen vom Volkseinkommen (als komplementäre Funktion zur Konsumfunktion) und die Investitionen vom Zinssatz und den Erwartungen abhängen.

Durch Addition der Konsumfunktion (8) und der Investitionsfunktion, die hier eine Konstante ist, erhalten wir die **effektive Nachfrage**:

$$(10)\quad Y^d = C_{aut} + C' \times Y + I$$

Ein Gleichgewicht ergibt sich, wenn die Nachfrage mit dem Einkommen übereinstimmt $Y^d = Y^*$. Die Gleichgewichtsbedingung ist dann:

$$(11)\quad Y^d = Y^* = C_{aut} + C' \times Y^* + I$$

Nach $Y^*$ aufgelöst ergibt sich:

$$(12)\quad Y^* = \frac{1}{(1 - C')} \times (C_{aut} + I)$$

### 4. Das Multiplikatorpinzip

Im nächsten Schritt ist der zweite Klammerausdruck wieder aufgelöst worden, um das Verständnis zu erleichtern. Um zu sehen, wie das Einkommen auf eine Veränderung der Investitionen reagiert, differenziert man (12) nach I:

$$(13) \quad Y^* = \frac{1}{(1 - C')} \times C_{aut} + \frac{1}{(1 - C')} \times I$$

$$(14) \quad \frac{dY^*}{dI} = \frac{1}{(1 - C')} = m$$

Der erste Term entfällt, weil I in diesem nicht vorkommt. Übrig bleibt m = 1/(1-C'). Die Reaktion des Volkseinkommens auf eine Veränderung der Investitionen nennen wir den **elementaren Multiplikator** m. Elementar ist der Multiplikator deswegen, weil auch andere Größen (Importe, Exporte, Staatsausgaben und Einnahmen) das Volkseinkommen beeinflussen können, was später dargelegt werden soll.

**Beispiel**: Angenommen, die marginale Konsumquote beträgt 0,9, die Sparquote 0,1. Dann ist der Multiplikator:

$$m = \frac{1}{(1 - 0{,}9)} = \frac{1}{0{,}1} = 10$$

Eine Erhöhung der Investitionen um 10 würde dann das Volkseinkommen um 100 vergrößern. Diese erstaunliche Zahl läßt sich wie folgt verdeutlichen. Die ersten zehn investierten Einheiten schaffen neues Einkommen in Höhe von 10. Davon werden aber 90 % wieder konsumiert, die Einkommen in Höhe von 9 schaffen. Davon werden wiederum 90 % konsumiert, was ein Einkommen von 8,1 schafft. Übrig bleibt eine unendliche Reihe der Form:

$$dY = 10 \times 0{,}9^1 + 10 \times 0{,}9^2 + \ldots 10 \times 0{,}9^n$$

Mit dem Multiplikator läßt sich auch das Gesamteinkommen berechnen, wie sich aus Gleichung (12) ersehen läßt.

### 5. Das IS/LM-Modell

Das **IS/LM-Modell** geht auf die KEYNES-Interpretation von HANSEN und HICKS zurück. Über dieses Modell sind einige Kontroversen entbrannt. Dennoch ist es bis heute die am weitesten verbreitete KEYNES-Interpretation.

### a) Der Kapitalmarkt und die IS-Kurve

Das Sparen ist bei KEYNES wegen der konstanten marginalen Sparquote abhängig vom Volkseinkommen. Die Investitionen sind abhängig vom Zinssatz. Die **IS-Kurve** ist der gedachte Ort aller Kombinationen von Realeinkommen und Zinsniveau, bei denen das Sparvolumen gleich der Summe der Investitionen ist (IS: investments = savings). Auf der Ordinate ist der Zinssatz abgetragen und auf der Abszisse das Volkseinkommen. Alle Kombinationen von Einkommen und Zins, die einen Ausgleich von Sparen und Investition schaffen, liegen auf der IS-Kurve.

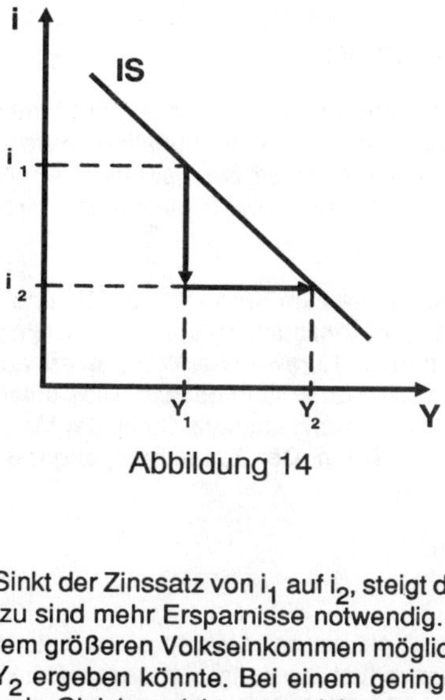

Abbildung 14

Nehmen wir zunächst das Einkommen Y = 0. Bei diesem Einkommen wird entweder gar nicht gespart, oder sogar "entspart" (vgl. S. 22-23), d.h. desinvestiert. Um Investitionen vollständig zu verhindern, muß der Zinssatz entsprechend hoch sein. (In der Klassik hätte ein hoher Zinssatz zu einem größeren Sparangebot geführt, man muß sich aber verdeutlichen, daß hier das Sparangebot nur vom Einkommen abhängt.) Bei größeren Einkommen wird mehr verdient, also auch mehr gespart. Damit alle Ersparnisse investiertwerden, muß der Zinssatz bei zunehmendem Einkommen sinken, denn die Investitionen sind ja auch bei KEYNES zinsabhängig.

Sinkt der Zinssatz von $i_1$ auf $i_2$, steigt die Investitionsnachfrage der Unternehmen. Dazu sind mehr Ersparnisse notwendig. Ein erhöhtes Sparangebot ist aber nur bei einem größeren Volkseinkommen möglich, so daß sich ein neues Gleichgewicht bei $i_2/Y_2$ ergeben könnte. Bei einem geringeren Zinssatz muß **mehr** gespart werden, um ein Gleichgewicht zu erreichen.

### b) Der Geld- und Wertpapiermarkt und die LM-Kurve

Die **LM-Kurve** (LM: liquidity = money supply) ist der gedachte Ort aller Kombinationen von Realeinkommen und Zinsniveau, die zu einen Gleichgewicht zwischen Geldnachfrage (liquidity) und Geldangebot (money supply) führen. Die Klassiker gingen davon aus, daß Geldnachfrage und Geldangebot immer im Gleichgewicht waren. Bei einer veränderten Geldmenge veränderte sich nur das Preisniveau. Bei Keynes gibt es aber nur bestimmte Kombinationen von Zins und Realeinkommen, bei denen der Geldmarkt im Gleichgewicht ist. Dies läßt sich durch die **Liquiditätspräferenztheorie** begründen.

Die Wirtschaftssubjekte halten Geld zu **Transaktionszwecken** und haben ihre Ersparnisse in der Regel in festverzinslichen Wertpapieren investiert. Sie können aber auch Geld über das zu Transaktionszwecken erforderliche Maß hinaus halten. Bei den Klassikern wäre dies unsinnig gewesen, weil Geld keine Zinsen erwirtschaftet. Keynes gibt zwei Motive für die zusätzliche Geldhaltung an: das Vorsichtsmotiv und das Spekulationsmotiv.

Wirtschaftssubjekte halten Geld aus dem **Vorsichtsmotiv**, um unvorhergesehene Ausgaben abdecken zu können. Bei steigendem Einkommen steigt der Erwartungswert der Ausgaben und somit wird auch die Vorsichtskasse steigen. Bei steigendem Zins steigen aber die Opportunitätskosten der Geldhaltung, damit wird die Vorsichtskasse sinken. Die Geldnachfrage aus dem Vorsichtsmotiv ist also positiv vom Realeinkommen und negativ vom Zinssatz abhängig.

Die Geldnachfrage aus dem **Spekulationsmotiv** ist schwieriger zu begründen. Geld kann hier auch Wertaufbewahrungsmittel sein, eine Funktion, welche die Klassiker abgelehnt hatten. Die Haushalte bieten einen großen Teil ihres Vermögens als Ersparnis den Unternehmen an und bekommen von diesen festverzinsliche Wertpapiere.

**Beispiel**: Hatten die Unternehmen Wertpapiere zum Kurs von 100 DM und 10 % Zinsen ausgegeben, so entspricht dies einer Zinszahlung von 10 DM. Sinkt der Marktzinssatz nun plötzlich auf 5 %, so muß der Kurswert der Wertpapiere auf 200 DM steigen. Es werden ja immer noch 10 DM an Zinsen gezahlt. Dies entspricht aber nur bei einem Kurswert von 200 DM dem Marktzinssatz. Steigt der Marktzins auf 20 %, so muß der Kurswert auf 50 DM fallen. Der Zusammenhang läßt sich wie folgt ausdrücken:

$$\textit{Kurswert} = \frac{\textit{Wertpapierzins}}{\textit{Marktzins}} \times \textit{Nennwert}$$

Es ist verständlich, daß ein Wirtschaftssubjekt nur dann Wertpapiere halten wird, wenn der Zinsgewinn den erwarteten Kursverlust übersteigt. Ab diesem Punkt wird das Wirtschaftssubjekt nur Wertpapiere in der Spekulationskasse halten. Werden Zinssenkungen (Kurssteigerungen) erwartet, werden erst recht Wertpapiere gehalten.

Übersteigt der erwartete Kursverlust die Zinseinkünfte, wird nur Bargeld gehalten. Je niedriger der Zins gegenwärtig ist, desto größer ist die Wahrscheinlichkeit, daß er in der nächsten Periode wieder steigen wird. Für jedes Wirtschaftssubjekt existiert ein kritischer Zins, bei dem es von der Geld- auf die Wertpapierhaltung umsteigt. Oberhalb des kritischen Zinses, $i_1$, werden nur Wertpapiere, kein Geld aus dem Spekulationsmotiv nachgefragt. Unterhalb des kritischen Zinses legt das Wirtschaftssubjekt seine ganze Spekulationskasse $L_1$ in Geld an (Abbildung 15a).

Dennoch nimmt die Kurve für die gesamtwirtschaftliche Nachfrage aus dem Spekulationsmotiv eine stetige Form an, weil die Marktteilnehmer verschiedene Erwartungen über die Zinsentwicklung haben (Abbildung 15b). Sollte der Zins sinken, erwarten immer mehr Wirtschaftssubjekte einen Kursverlust, so daß immer mehr Geld in der Spekulationskasse gehalten wird. Unterhalb eines bestimmten Zinssatzes (hier $i_2$) wird die Geldnachfrage aus dem Spekulationsmotiv aber völlig elastisch, weil schon alles für die Spekulation vorgesehene Vermögen als Geld gehalten wird.

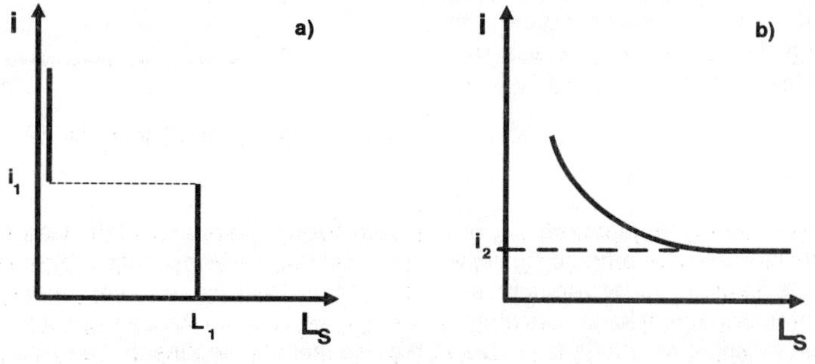


Abbildung 15

Damit sind die drei Motive der Geldhaltung beschrieben. Geld für die Transaktionskasse ist positiv vom Realeinkommen abhängig, ebenso die Vorsichtskasse, weil die Ausgaben mit steigendem Realeinkommen ebenfalls steigen (marginale Konsumquote). Die Höhe der Vorsichtskasse ist zusätzlich negativ abhängig vom Zinsniveau, ebenso die Spekulationskasse. Im makroökonomischen Resultat unterscheiden sich die drei Arten der Geldnachfrage nicht (es gibt keine drei Arten von Geld). Somit läßt sich die gesamte Geldnachfrage aggregieren und als positive Funktion des Realeinkommens und negative Funktion des Zinssatzes darstellen.

Ein Gleichgewicht auf dem Geldmarkt kann nur existieren, wenn die Wirtschaftssubjekte bereit sind, den gegebenen realen Geldbestand zu halten. Die folgende Gleichung muß erfüllt sein:

$$(15) \quad \frac{M}{P} = L^d$$

Die **LM-Kurve** ist der Ort, an dem die Kombinationen von Realeinkommen und Zinsniveau zu einem Gleichgewicht zwischen Geldangebot und Geldnachfrage führen. Ist der Geldmarkt im Gleichgewicht, muß auch der Wertpapiermarkt im Gleichgewicht sein. Dies ist durch die Budgetbeschränkung der Haushalte zu erklären, die ihr Vermögen entweder auf Geld oder auf Wertpapiere aufteilen können.

Als Ausgangspunkt sei das Realeinkommen von $Y_0$ gegeben. Wenn das Realeinkommen auf $Y_1$ steigt, wird die Geldnachfrage aus dem Vorsichts- und Transaktionsmotiv zunehmen. Damit entsteht aber eine Überschußnachfrage auf dem Geldmarkt. Um diese wieder ins Gleichgewicht zu bringen, muß der Zinssatz steigen; dann geht nämlich die Geldnachfrage aus dem Vorsichts- und Spekulationsmotiv zurück.

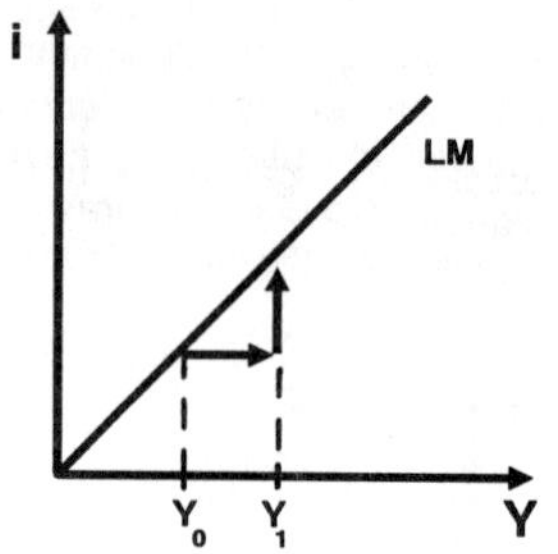

Abbildung 16

Dieser Anpassungsprozeß findet auf dem Wertpapiermarkt statt. Das Gleichgewicht ist durch das erhöhte Realeinkommen gestört, die Wirtschaftssubjekte wollen mehr Geld halten. Jeder versucht, einen Teil seines Bestandes zu veräußern. In der gesamten Wirtschaft kann dies aber nicht gelingen, weil die Papiere ja auch gekauft werden müssen. Als Folge fallen die Kurse und steigen die Zinsen. Der Zins ist nun nicht mehr eine reale Größe wie bei den Klassikern, wo er die Grenzproduktivität des Kapitals beschrieb, sondern eine nominale Größe. Er wird durch die gewünschte Vermögenshaltung bei Wertpapieren und Geld bestimmt. (Oder auch: Er bestimmt die Aufteilung des Vermögens auf Geld und Wertpapiere.)

In der Klassik würde eine erhöhte Geldmenge lediglich zu Inflation führen, bei Keynes würde sie zusätzlich auch (in bestimmten Fällen sogar ausschließlich) den Zinssatz senken. Damit lassen sich aber auch über die Geldmenge (eine monetäre Größe) die Investitionen (eine reale Größe) steuern. Die *klassische Dichotomie von Geldtheorie und Werttheorie* ist aufgehoben (vgl. S. 17-19).

### c) Gesamtwirtschaftliches Gleichgewicht im IS/LM-Modell

Im **IS/LM-Modell** von HICKS und HANSEN werden die Kurven für den Geldmarkt und den Kapitalmarkt in ein Diagramm eingetragen. Es existiert genau ein Gleichgewichtseinkommen $Y^*$ und ein Gleichgewichtszinssatz $i^*$, bei dem beide Märkte simultan im Gleichgewicht sind. Wenn das Gleichgewicht gestört ist, sorgen Anpassungsprozesse dafür, daß das System wieder ins Gleichgewicht gerät. Im keynesianischen System bildet sich - anders als im klassischen System - der Zins auf dem Geld- und Wertpapiermarkt und ist dann für den Kapitalmarkt gegeben. In der Klassik bildet sich der Zinssatz immer auf dem Kapitalmarkt, wo er der Grenzproduktivität des Kapitals gleichen muß.

Grundsätzlich sind vier Fälle denkbar:

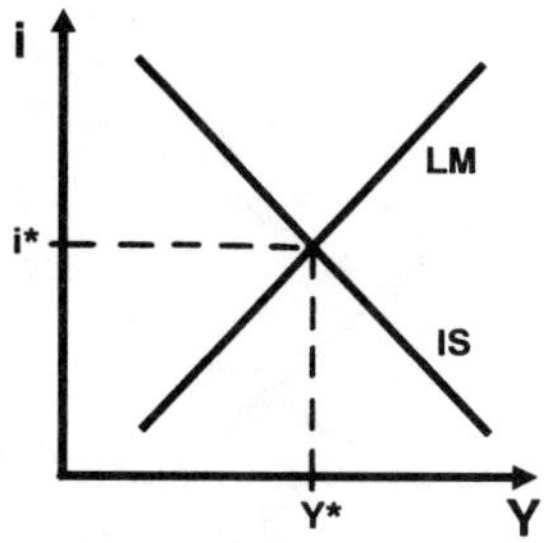

Abbildung 17

- a) Oberhalb der IS-Kurve ist der Zinssatz zu hoch, es wird mehr gespart als investiert. Weil dadurch N-achfrage ausfällt, schrumpfen auch Realeinkommen, Konsum und Sparangebot. Das schrumpfende Einkommen bringt Sparangebot und Investitionen tendenziell wieder ins Gleichgewicht. Zusätzlich geben die Wirtschaftssubjekte aber noch Geld aus dem Transaktions- und Vorsichtsmotiv ab, d.h. sie kaufen Wertpapiere. Dadurch steigt der Kurs der Wertpapiere und der Zins sinkt, womit das Investitionsvolumen steigt. Auch dieser Mechanismus führt tendenziell zum Gleichgewicht.

- b) Unterhalb der IS-Kurve ist der Zinssatz zu niedrig, es wird mehr investiert als gespart. Dadurch steigt das Realeinkommen und das Sparangebot wird größer. Gleichzeitig ist durch das zu hohe Investitionsvolumen ein Überangebot an Wertpapieren vorhanden, weil sich die Unternehmen refinanzieren müssen. Der Kurs sinkt und das Zinsniveau steigt. Die Investitionen gehen zurück.

- c) Unterhalb der LM-Kurve ist die Geldnachfrage größer als die Geldmenge (weil der Zins unterhalb des Gleichgewichtszinssatzes liegt). Die Wirtschaftssubjekte werden also Wertpapiere verkaufen, die Kurse sinken, der Zinssatz steigt und die Geldnachfrage geht zurück.

- d) Oberhalb der LM-Kurve ist die Geldnachfrage kleiner als die Geldmenge. Die Wirtschaftssubjekte werden versuchen, Wertpapiere zu kaufen, weil sie mit dem Überschußangebot an Geld nichts anfangen können. Als Folge steigen die Kurse, der Zins fällt, und die Geldnachfrage aus Vorsichts- und Spekulationsmotiv steigt.

### 6. Das allgemeine keynesianische Modell

Im folgenden wird das allgemeine keynesianische Modell (=neoklassische Synthese) vorgestellt. Die Darstellungen für den Arbeitsmarkt, die Produktionsfunktion und die Bestimmung des Nominallohnes sind dieselben wie im klassischen Modell. Das keynesianische Modell unterscheidet sich zum einen durch den Gütermarkt, zum anderen durch das IS/LM-Modell vom klassischen Modell (vgl. Abbildung 11). Vor allem der Gütermarkt verdient spezielle Aufmerksamkeit. Im klassischen Modell war hier lediglich eine Hyperbel vorhanden, die das Preisniveau bestimmte. Es gab dort keinen Gütermarkt im eigentlichen Sinne. Alles was produziert wurde, wurde auch abgenommen.

Im keynesianischen Modell müssen aber in diesem Markt Angebot und Nachfrage zusammentreffen. Das Güterangebot ist wie bei den Klassikern durch den Schnittpunkt von Arbeitsangebot und Arbeitsnachfrage sowie der Produktionsfunktion determiniert.

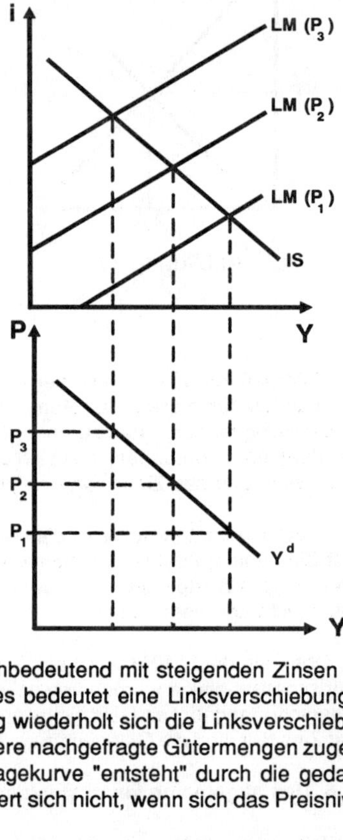


Die Nachfragekurve hat einen fallenden Verlauf. Das ist aus makroökonomischer Sichtweise nicht direkt einzusehen. Bei einer Steigerung des Preisniveaus werden ja alle Güter im selben Verhältnis teurer. Deswegen sollte sich eigentlich an den realen Größen nichts ändern. Daß sich doch etwas ändert, läßt sich wie folgt begründen. Im oberen Teil der Abbildung ist das bekannte IS/LM-Modell wiedergegeben. Im unteren Teil seien zunächst drei Preisniveaus abgetragen. Zunächst sei angenommen, daß bei $P_1$ das IS/LM-Modell im Schnittpunkt von LM($P_1$) und IS-Kurve im Gleichgewicht sei. Bei einem Preisanstieg auf $P_2$ geht das reale Geldangebot M/P zurück, weil P steigt. Damit der Geldmarkt wieder in ein Gleichgewicht kommt, muß auch die Geldnachfrage zurückgehen. Die Geldnachfrage war aber abhängig von Realeinkommen und Zins.

Ein Rückgang der Geldnachfrage ist gleichbedeutend mit steigenden Zinsen oder einem verringerten Realeinkommen; beides bedeutet eine Linksverschiebung der LM-Kurve. Bei einem weiteren Preisanstieg wiederholt sich die Linksverschiebung. Somit sind steigenden Preisniveaus geringere nachgefragte Gütermengen zugeordnet, was zu zeigen war. Die Güternachfragekurve "entsteht" durch die gedachte Kombination aller Preisniveaus, sie verändert sich nicht, wenn sich das Preisniveau verändert.

Abbildung 19 vervollständigt die Darstellung des keynesianischen Modells. Durch den Arbeitsmarkt und die Produktionsfunktion wird das Angebot bestimmt (das sind die beiden unteren Quadranten), im IS/LM-Modell die Nachfrage (oben rechts). Auf dem Gütermarkt treffen Angebot und Nachfrage aufeinander.

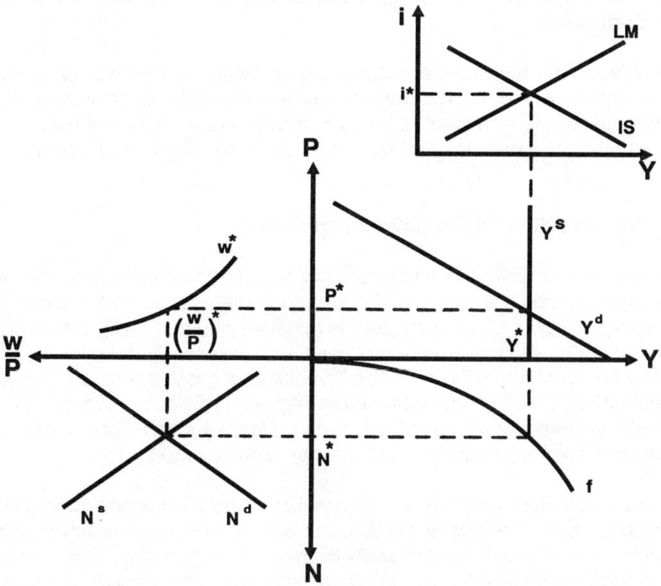


Abbildung 19

Angenommen, das anfängliche Preisniveau liege bei $P_0$, sei also zu hoch. Die LM-Kurve liegt links und der Zinssatz ist relativ hoch. Die Investitionsnachfrage ist relativ gering. Es besteht ein Überschußangebot auf dem Gütermarkt. Dann sinken zunächst die Preise. Das reale Geldangebot nimmt zu, die LM-Kurve verschiebt sich nach rechts. Der Zins sinkt und die Investitionsnachfrage steigt. Es nimmt wiederum die Nachfrage zu. Dieser Prozeß führt zu einem Gleichgewicht. Es ist zwar ein sehr indirekter Prozeß, der sich wesentlich von den Ideen der Klassiker unterscheidet, bei denen ein Ungleichgewicht auf dem Gütermarkt gar nicht auftreten konnte, aber im Ergebnis wird die klassische Theorie bestätigt. Deswegen wird das obige IS/LM-Modell, wie bereits angedeutet, auch als **neoklassische Synthese** bezeichnet.

### 7. Erklärungen für unfreiwillige Arbeitslosigkeit: Spezialfälle der neoklassischen Synthese

Die neoklassische Synthese enthält aber eine Reihe von Spezialfällen, eben die keynesianischen Fälle, durch welche fortdauernde Arbeitslosigkeit auch bei richtigen Reallöhnen erklärt werden kann. Diese Erklärung basiert auf der Bestimmung der Investitionsnachfrage und des Geldangebots bzw. der Geldnachfrage durch KEYNES.

#### a) Die Investitionsfalle (Investment Trap)

In einer *rezessiven Situation* ist es möglich, daß die Erwartungen der Wirtschaftssubjekte extrem pessimistisch sind und nur noch die absolut notwendigen Investitionen getätigt werden. Dann wäre das Investitionsvolumen völlig zinsunelastisch. Die IS-Kurve müßte senkrecht verlaufen, weil, egal welcher Zinssatz herrscht, immer nur eine vorher festgelegte Summe von Investitionen getätigt wird. Ist dies aber ein Betrag, der unter dem Gleichgewichtsbetrag liegt, so muß das Einkommen unter dem Gleichgewichtseinkommen liegen. Die Unternachfrage auf dem Gütermarkt impliziert ein Unterbeschäftigungsgleichgewicht auf dem Arbeitsmarkt.

Man macht sich dieses klar, indem man in Abbildung 19 eine senkrechte IS-Kurve links vom bisherigen Gleichgewicht einzeichnet, von dort aus durch senkrechtes Durchzeichnen die Produktion und schließlich das Beschäftigungsniveau bestimmt. Auf dem Arbeitsmarkt wird sich ein Unterbeschäftigungsgleichgewicht einstellen. Weil aktuelle Nachfrage und potentiell mögliches Angebot zwei senkrechte Linien im Gütermarkt sind, haben sie keinen Schnittpunkt, es kann auch kein Preisniveau bestimmt werden. Das Preisniveau ist nicht determiniert.

#### b) Die Liquiditätsfalle (Liquidity Trap)

Es ist denkbar, daß der Zins, gemessen an den Erwartungen der Wirtschaftssubjekte, sehr niedrig ist. Dann werden sie fast sämtliches Vermögen in Form von Geld und fast keine Wertpapiere halten, weil sie im Falle von Zinssteigerungen große Spekulationsverluste erwarten. Der Zinssatz hat seine "natürliche" untere Grenze erreicht; er kann nicht weiter fallen. Gewisse notwendige Investitionen müssen ja weiterhin getätigt werden und dafür lassen sich die Investoren auch einen gewissen Zins geben. Aber selbst, wenn mehr Geld vorhanden wäre, würden die Wirtschaftssubjekte nicht mehr Wertpapiere kaufen. Die Geldnachfrage aus dem Spekulationsmotiv ist in einem gewissen Bereich unendlich elastisch geworden (waagerechter Bereich bei $LM(P_1)$ und $LM(P_2)$). Auch wenn jetzt ein Deflationsprozeß einsetzt, d.h., die Preise sinken, bleibt die Geldnachfrage in diesem Bereich unendlich elastisch. Ein solcher Prozeß macht sich erst im elastischen Bereich bemerkbar; der Schnittpunkt mit der IS-Kurve liegt aber bei der **Liquidity Trap** im unendlich elastischen Bereich. Damit ist $Y^d$ zu klein im Verhältnis zu $Y^s$. Die Volkswirtschaft nutzt nicht ihr volles Potential aus und dennoch ist unfreiwillige Arbeitslosigkeit gegeben.

Weil das Preisniveau undeterminiert ist, besteht weiterhin die Gefahr, daß bei den Reallöhnen ein unkontrollierter Deflationsprozeß einsetzt, bei dem die Unternehmen aufgrund der Überschußnachfrage nach Arbeit das Lohnniveau beliebig drücken können. Dadurch geht aber auch die Konsumnachfrage zurück.

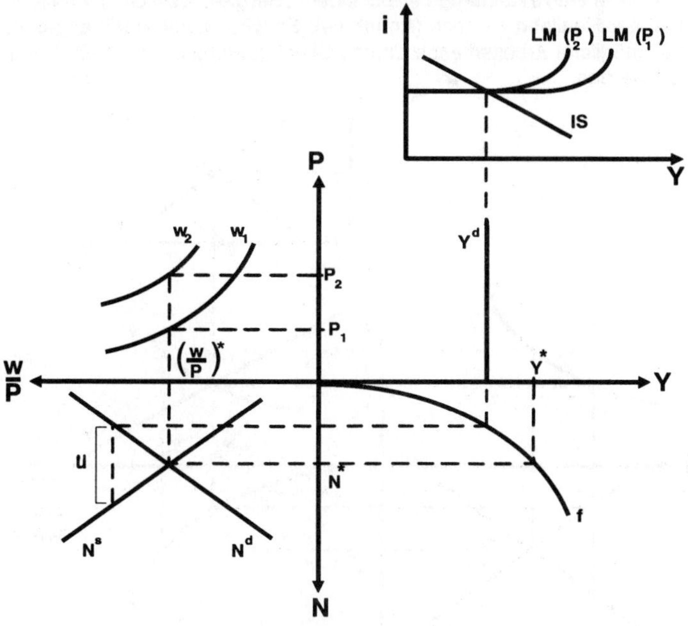


Abbildung 20

#### c) Unterbeschäftigung bei starren Löhnen

In der keynesianischen Literatur wird häufig das Argument vorgebracht, daß nur bei starren Reallöhnen Unterbeschäftigung entstehen kann. Starre Reallöhne können z.B. durch eine starke Gewerkschaftsmacht entstehen. Auch können langfristige Lohnverträge existieren, die eine schnelle Anpassung nach unten nicht erlauben, zu unflexiblen Reallöhnen führen. Aber nicht nur starre Löhne führen bei KEYNES zu unfreiwilliger Arbeitslosigkeit sondern auch die Investment Trap und die Liquidity Trap. Starre Reallöhne, die einer neoklassischen Erklärung der Arbeitslosigkeit am nächsten kommen, sind nur ein Spezialfall.

In Abb. 21 existiert nur ein Nominallohn w (langfristige Verträge). Annahmegemäß kann dieser Nominallohn kurzfristig nicht variiert werden. Ein verändertes **Preisniveau** kann u.U. Änderungen der Arbeitsnachfrage und des Güterangebots bewirken. Dies soll an einer Preissteigerung von $P_1$ bis $P_3$ verdeutlich werden. In diesem Modell ist die effektive Nachfrage entscheidend. Bei gleichgewichtigem Nachfragevolumen ist der Reallohn zu hoch (Annahme). Es wird zuviel Arbeit angeboten - die potentiell mögliche Arbeitsmenge für das Gleichgewichtseinkommen $Y_3$ kann nicht realisiert werden.

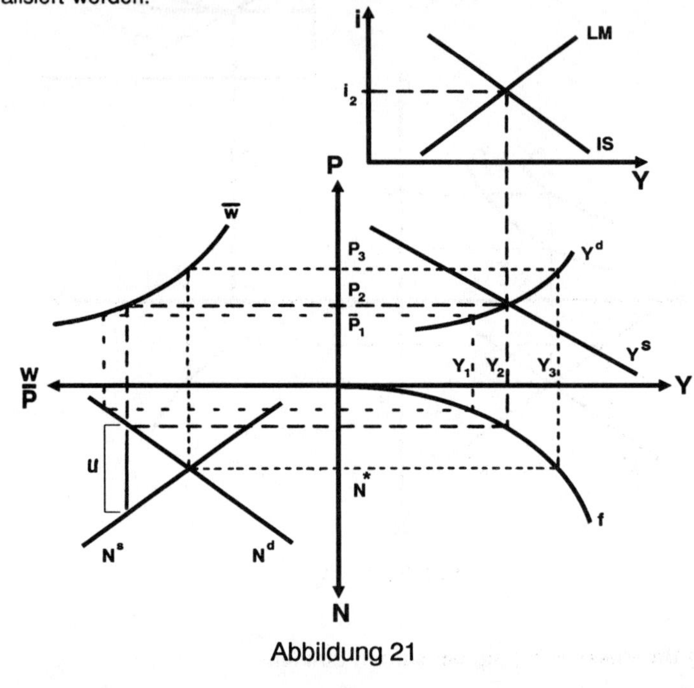


Abbildung 21

In diesem Modell ist ebenfalls die klassische Dichotomie zwischen dem realen Sektor und dem monetären Sektor aufgehoben. Waren bei der Investment Trap und der Liquidity Trap die Preisniveaus nicht determiniert, so kann hier das Preisniveau direkt Einfluß auf Beschäftigung und Produktion ausüben. Dies liegt daran, daß über das Preisniveau das Reallohnniveau verändert werden kann. In der keynesianischen Theorie wird dieser Tatbestand als **monetary illusion** (Geldillusion) bezeichnet.

## 8. Klassische und keynesianische Form der LM-Kurve

Nachdem nun die Liquidity Trap und die anderen Störfälle, die in der keynesianischen Theorie auftauchen können, behandelt wurden, wollen wir noch einmal auf die Form der LM-Kurve eingehen. In der ersten Darstellung (Abbildung 16) hatten wir sie als Gerade gezeichnet. Man könnte sie aber auch als Kurve zeichnen. Dabei wäre von Einkommen $Y_1$ bis $Y_2$ die Geldnachfrage aus dem Spekulationsmotiv vollkommen elastisch, dieses wäre der schon behandelte *Bereich der Liquidity Trap.* Hier würde nur noch das Notwendigste an Wertpapieren bereitgestellt, der Zinssatz kann nicht mehr sinken.

Im folgenden *intermediären Bereich* von $Y_2$ bis $Y_3$ steigt das Realeinkommen. Mit steigendem Realeinkommen steigt die Geldnachfrage aus dem Transaktions- und Vorsichtsmotiv. Wirtschaftssubjekte verkaufen Wertpapiere, um Geld zu erhalten. Der Kurs der Wertpapiere sinkt, folglich steigt der Zinssatz. Die Geldnachfrage aus dem Spekulationsmotiv sinkt. Zur Erinnerung: Die IS- und LM-Kurven sind keine Kurven im gewöhnlichen Sinne, sondern stellen Gleichgewichte dar. Durch sie werden alle Kombination von Einkommen und Zinssatz beschrieben, bei denen Geldmarkt (LM-Kurve) und Gütermarkt (IS-Kurve) im Gleigewicht sind. Dieser Bereich ist der Bereich der neoklassischen Synthese.

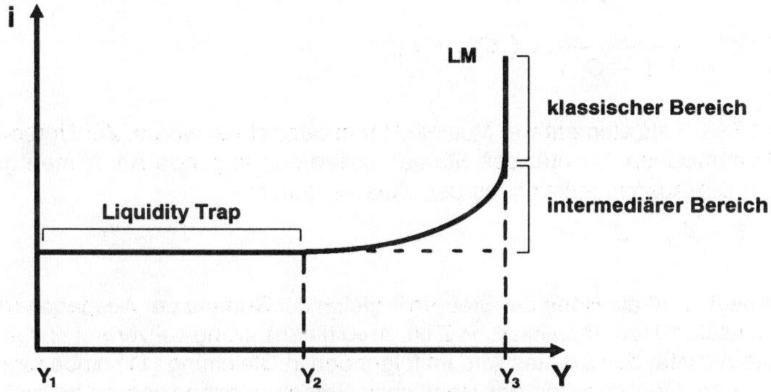


Abbildung 22

Ganz rechts befindet sich der *klassische Bereich* der LM-Kurve. In diesem Bereich sind einige Annahmen der keynesianischen Theorie wieder aufgehoben. Sollte die Wirtschaft sich in der Hochkonjunktur befinden und sollten jetzt noch weitere Nachfrageimpulse auftreten (z.B. Staatsnachfrage oder Auslandsnachfrage), so kann diese Nachfrage nur noch in Inflation enden, weil dann tatsächlich zuviel Geld zuwenig Gütern nachjagt. Eine stärkere Nachfrage kann dann tatsächlich nur noch in Preissteigerungen enden und nicht mehr zu einem Anstieg des Realeinkommens führen. Da der Zins bei Keynes aber eine monetäre Größe ist, muß er um so höher sein, je höher die Preissteigerung ausfällt.

## C. Erweiterungen des elementaren keynesianischen Multiplikators: Staatseingriffe und internationaler Handel

### 1. Die ökonomische Aktivität des Staates

Betrachten wir noch einmal die Gleichungen (11) und (12). Die effektive Nachfrage setzte sich zusammen aus einem autonomen Konsum, den gegebenen Investitionen und der marginalen Konsumquote, multipliziert mit dem Einkommen.

$$(11) \quad Y^d = Y^* = C_{aut} + C' \times Y^* + I$$

Nach dem Gleichgewichtseinkommen aufgelöst ergab sich:

$$(12) \quad Y^* = \frac{1}{(1 - C')} \times (C_{aut} + I)$$

wobei 1/(1-C') als elementarer Multiplikator m bezeichnet wurde. Zur Untersuchung der ökonomischen Aktivität des Staates sollen nun folgende Annahmen gemacht werden. Die Ausgabengleichung des Staates lautet:

$$(16) \quad T = A_{st} + Z$$

Das heißt, daß die Höhe der Steuern T gleich der Summe der Ausgaben ($A_{st}$) und der geleisteten Transferzahlungen Z ist. Kreditfinanzierung sei vorerst ausgeschlossen. Die Aktivität des Staates wird im folgenden in Gleichung (11) einbezogen. Hier werden zwei Möglichkeiten der staatlichen Einnahmenfinanzierung betrachtet, die Kopfsteuer und die Einkommensteuer.

#### a) Kopfsteuer

Bei der **Kopfsteuer** zahlt jedes Steuersubjekt denselben Steuerbetrag. Daher ist das verfügbare Einkommen des Individuums:

(17) $Y_v = Y + Z - T$

Die gesamte Nachfrage beträgt dann:

(18) $Y = C_{aut} + C' \times Y_v + I + A_{st}$

$$=> Y = C_{aut} + C' \times Y + C' \times Z - C' \times T + I + A_{st}$$

An diesem Zwischenergebnis läßt sich gut demonstrieren, daß im keynesianischen Modell direkte Staatsausgaben wirkungsvoller als Subventionszahlungen an private Haushalte sind: Staatsausgaben wirken sich direkt auf die effektive Nachfrage aus, Subventionen wirken sich nur mit der marginalen Konsumquote (C'x Z) auf die effektive Nachfrage aus. Ein Teil der empfangenen Subventionen wird gespart. Das Zwischenergebnis wird im folgenden so umgeformt, daß ein neuer Multiplikator entsteht, der die Staatseingriffe berücksichtigt. Wir setzen bei der letzten Zeile wieder ein und bringen den Summanden C'x Y auf die linke Seite:

$$Y - C' \times Y = C_{aut} + C' \times Z - C' \times T + I + A_{st}$$

$$=> Y \times (1 - C') = C_{aut} + C' \times Z - C' \times T + I + A_{st}$$

$$=> (19)\ Y = \frac{1}{(1 - C')} \times (C_{aut} + C' \times Z - C' \times T + I + A_{st})$$

Der Multiplikator wird also mit drei weiteren Größen, der marginalen Konsumquote mal Steuerlast, der marginalen Konsumquote mal Subventionen und den direkten Staatsausgaben multipliziert. Y wird insgesamt steigen, weil die marginale Konsumquote kleiner als eins ist. Zwar wird die gesamte marginale Konsumquote im Multiplikator subtrahiert, aber nur mit dem Faktor C'. Die Staatsausgaben hingegen kommen voll zur Geltung. Auch diese Berechnung gilt nur solange, wie unausgelastete Kapazitäten in der Wirtschaft existieren. Sind die Kapazitäten ausgelastet, endet eine Erhöhung der Staatsnachfrage in einer Verdrängung der privaten Nachfrage (**crowding-out**) oder Inflation.

**b) Einkommensteuer**

Bei der **Einkommensteuer** gilt ebenfalls $Y_V = Y + Z - T$. Der Steuersatz sei proportional vom Einkommen abhängig: $T = t \times Y$. Damit gilt:

(20) $Y = C_{aut} + C' \times ( Y + Z - T ) + I + A_{st}$

$=> Y = C_{aut} + C' \times Y + C' \times Z - C' \times t \times Y + I + A_{st}$

$=> Y - C' \times Y + C' \times t \times Y = C_{aut} + C' \times Z + I + A_{st}$

$=> Y \times ( 1 - C' + C' \times t ) = C_{aut} + C' \times Z + I + A_{st}$

$=> Y \times ( 1 - C' \times [ 1 - t ] ) = C_{aut} + C' \times Z + I + A_{st}$

$$=> (21) \quad Y = \frac{1}{( 1 - C' \times [ 1 - t ] )} \times ( C_{aut} + C' \times Z + I + A_{st} )$$

Im Falle der Einkommensteuer verändert sich der Multiplikator selber: Er wird kleiner, weil die marginale Konsumquote noch mit dem Ausdruck (1 - t) multipliziert wird. Damit wird der Nenner aber größer und der Multiplikator insgesamt kleiner. Die Konsumkurve wird flacher. (Der Multiplikator gab ja die Steigung der Konsumfunktion an.) Die Konsumkurve wird deswegen flacher, weil von jeder verdienten Einheit nicht die marginale Konsumquote konsumiert wird, sondern zunächst noch der marginale Steuersatz abgezogen werden muß. Der kleinere Multiplikator kann durchaus positive Funktionen haben. Eine Nachfrageänderung schlägt nicht so stark auf das Volkseinkommen durch. Diesen Effekt nennt man auch den des **built-in-stabilizers**.

## 2. Importe und Exporte

Eine genauere Analyse der außenwirtschaftlichen Vorgänge findet sich im Titel ***Außenwirtschaft***, der ebenfalls in dieser Reihe erschienen ist. Hier soll nur angedeutet werden, welche Wirkungen Importe und Exporte im keynesianischen Modell haben.

### a) Exporte

**Exporte** sind vom Ausland vorgegebene Nachfrage. Daher gehen sie vollständig in die Bestimmung des Volkseinkommens ein. Sie sind damit genauso eine autonome Größe wie die Investitionen.

(22) $Y = C_{aut} + C' \times Y + I + Ex$

$$=> Y = \frac{1}{(1 - C')} \times (C_{aut} + I + Ex)$$

**b) Importe**

Die Nachfrage nach Importen wird prinzipiell genauso bestimmt wie die Nachfrage nach Gütern des Inlandes. Es sei eine bestimmte Menge an autonomen Importen unterstellt, die selbst bei einem Einkommensniveau von 0 noch eingeführt werden, beispielsweise die Einfuhr von Nahrungsmitteln in ein Land, in dem eine totale Mißernte vorkam. Danach steigt das Importvolumen mit dem Einkommen um die **marginale Importquote**. Diese gibt an, wieviel mehr importiert wird, wenn das Einkommen um eine Einheit steigt. In Gleichungsform sieht das folgendermaßen aus:

$$Im = Im_{aut} + g \times Y$$

$$=> (24)\quad Y = C_{aut} + C' \times Y + I + Ex - Im_{aut} - g \times Y$$

$$=> Y = \frac{1}{(1 - C' + g)} \times (C_{aut} + I + Ex - Im_{aut})$$

Die Größe g gibt die marginale Importneigung bei einem Einkommenszuwachs an. Die Importe verringern den Multiplikator. Sie wirken ebenfalls als built-in- stabilizer. Sie verringern das Volkseinkommen direkt durch den Nachfrageausfall, der im Falle einer rasch wachsenden Wirtschaft erfolgt. Dies ist ein Grund dafür, daß Wirtschaftspolitiker keynesianischer Prägung protektionistischen Maßnahmen tendenziell näherstehen.

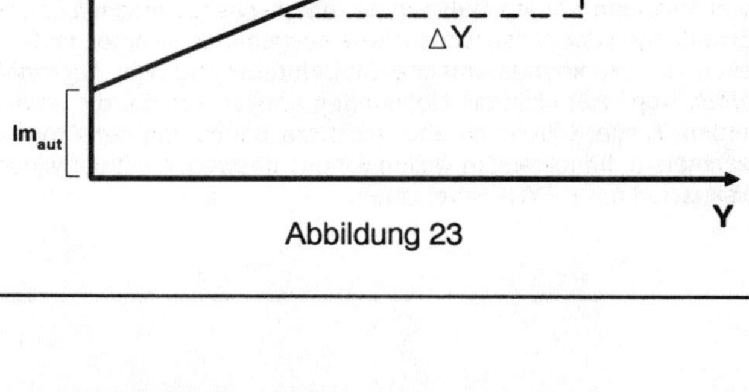


Abbildung 23

### 3. Expansions- und Kontraktionsgrößen des keynesianischen Modells im Überblick

In der folgenden Abbildung sind noch einmal sämtliche **Expansions-** und **Kontraktionsgrößen** aufgezeichnet.

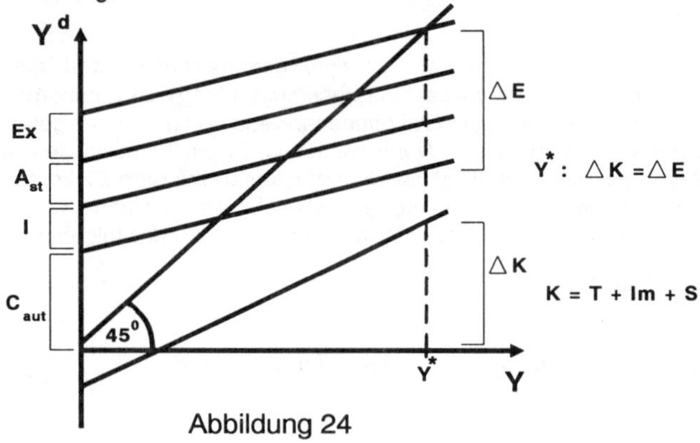


Abbildung 24

Auf der Abszisse ist wieder das Volkseinkommen eingetragen, auf der Ordinate die effektive Nachfrage. Deutlich erkennt man den autonomen Charakter von Investitionen, Staatsausgaben und Exporten, welche die Konsumkurve lediglich parallel nach oben verschieben. Die Abszisse schneidet die Kurve sämtlicher Kontraktionsgrößen (Steuern, Importe und Sparen). Diese haben zwar autonome Komponenten, sind aber auch alle linear vom Einkommen abhängig - sie lassen sich nicht als parallele Funktionen einzeichnen. Die marginalen Spar-, Steuer- und Importquoten würden zusammen die Steigung der Kontraktionskurve ergeben. Im Gleichgewicht müssen die Kontraktionsgrößen dieselbe Höhe wie die Expansionsgrößen haben.

Der zusammengefaßte keynesianische Multiplikator hat folgendes Aussehen:

$$(25)\quad Y = \frac{1}{(1 - C' + C' \times t + g)} \times (C_{aut} + C' \times Z + I + A_{st} + Ex - Im)$$

Diese Gleichung kann ein Bild davon geben, wie schwierig es ist, Multiplikatoren zu schätzen. Wenn man sich dann noch überlegt, daß auch ein Zeitelement in die Analyse miteinbezogen werden muß, um sie realistischer zu machen und zusätzlich auch von Erwartungen der Wirtschaftssubjekte ausgegangen werden muß, kann man sich vorstellen, daß die **keynesianische Globalsteuerung** (vgl. ***Allgemeine Wirtschaftspolitik***, Kap. 1.2) nicht die Hoffnungen erfüllen konnte, die anfangs in sie gesetzt wurden. Diese Kritik kann aber nicht die Bedeutung der Argumente von KEYNES schmälern. Im folgenden wollen wir uns deswegen mit der wirtschaftspolitischen Diskussion um KEYNES befassen.

# IV. Die Wirkungen der Wirtschaftspolitik

*"Selbst wenn der Staat in einer Rezession Arbeitskräfte anstellte, die den ganzen Tag nur damit beschäftigt wären, Löcher auszuheben und diese wieder zuzuschütten, wäre das für die gesamte Wirtschaft besser, als wenn der Staat nichts unternehmen würde." (KEYNES)*

Wirtschaftliche Theorien werden entwickelt, weil bestimmte Probleme des Wirtschaftsablaufes erklärt werden sollen. Es steht in der Regel ein bestimmtes **erkenntnisleitendes Interesse** hinter diesen Theorien (vgl. ***Allgemeine Wirtschaftspolitik***, Kap. 2.1). Dies ist legitim, wenn man sich verdeutlicht, daß der Wissenschaftler unter der Vielzahl von Daten und Konstellationen des täglichen Lebens nur einige wenige auswählen kann. Für wissenschaftlich sauberes Arbeiten sollen aber Auswahlkriterien und Prämissen offen dargelegt und begründet werden.

In der Klassik sollte vor allem erklärt werden, wie die Wirtschaft ohne eine lenkende Zentrale funktionieren konnte. Dies wurde als die *"unsichtbare Hand des Marktes"* bezeichnet. Keynes hatte ein anderes erkenntnisleitendes Interesse: Er wollte zeigen, daß Ungleichgewichte trotz eines funktionierenden Marktmechanismus auftreten können. Folglich beurteilen beide Theorien die Rolle des Staates in der Wirtschaftspolitik höchst unterschiedlich.

## A. Geldpolitik

### 1. Geldpolitik in der Klassik

In der Klassik läßt sich die Wirkung einer Geldmengenveränderung leicht durch die *Quantitätstheorie* (vgl. S. 17-19 und ***Geldpolitik***, Abschnitt 9.1) erklären:

(4) $M \times V = P \times Y$

$\Rightarrow M = k \times P \times Y$

Weil eine Geldmengenänderung weder die realwirtschaftlichen Größen (Y) beeinflußt (Dichotomie), noch den Kassenhaltungskoeffizienten, wirkt sie ausschließlich und direkt auf das Preisniveau. Bei einer Geldmengenausweitung folgt Inflation, bei einer Geldmengenkontraktion folgt Deflation. Die Klassiker forderten die Priorität der Geldwertstabilität. Dies konnte durchaus heißen, daß im Falle von Wirtschaftswachstum (Y wächst) die Geldmenge um einen entsprechenden Betrag ausgeweitet wurde.

## 2. Geldpolitik im keynesianischen Modell

### a) Geldpolitik bei "normalen" IS/LM-Kurven

Eine Erhöhung der Geldmenge bewirkt eine Verschiebung der LM-Kurve nach links. (Die LM-Kurve ist eine Gleichgewichtsbedingung: Sie ist die Kombination von Zinsen und Einkommen, bei denen Geldnachfrage und Geldangebot ausgeglichen sind. Wenn die Geldmenge steigt, muß die Kassenhaltung der Wirtschaftssubjekte (Geldnachfrage) ebenfalls steigen. Die Wirtschaftssubjekte werden aber nur bereit sein, bei unverändertem Einkommen mehr Geld zu halten, wenn der Zins geringer ist (Spekulations-, Vorsichtsmotiv). Damit verschiebt sich die Kurve nach links. Durch den geringeren Zins nimmt die Investitionsnachfrage zu. Die zusätzliche Nachfrage kann aber nicht befriedigt werden, weil auch im allgemeinen keynesianischen Modell das optimale Güterangebot wie in der Klassik durch den Arbeitsmarkt determiniert ist (vgl. Abbildung 19). Es setzt ein Überbietungsprozeß der Käufer ein; Preis und Nominallohnniveau steigen. Dadurch geht aber der reale Kassenbestand (M/P) der Wirtschaftssubjekte zurück.

Das Geldangebot geht zurück. Bei unverändertem Einkommen wollen die Wirtschaftssubjekte die alten Geldmengen halten, dies ist aber unmöglich, weil die reale Geldmenge abgenommen hat. Demzufolge werden sie höhere Zinsen zahlen. Die LM-Kurve verschiebt sich wieder nach links, bis sie ihre Ausgangsposition erreicht hat. Im Endeffekt sind nur die Preise gestiegen. Die Ähnlichkeit zu den klassischen Schlußfolgerungen ist sehr groß. Nur die Begründung ist eine andere.

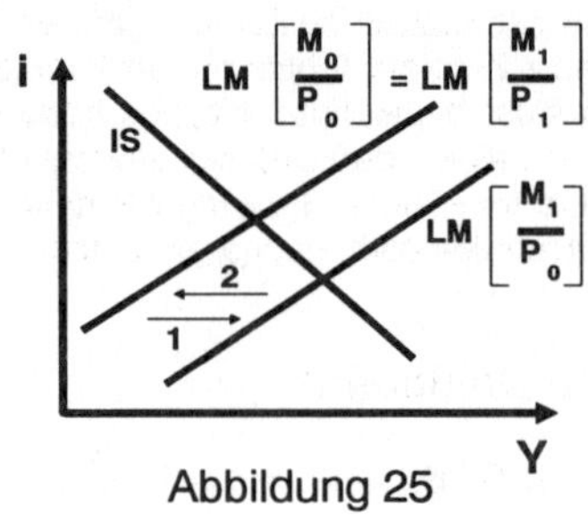


Abbildung 25

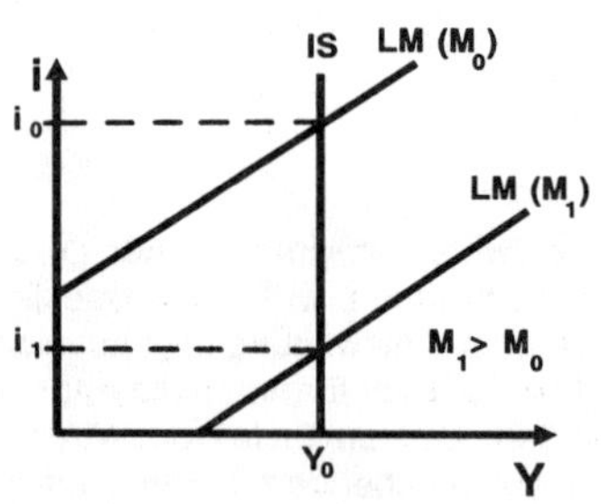


Abbildung 26

### b) Geldpolitik bei einer Investitionsfalle

Bei einer Geldmengenausweitung während einer Investitionsfalle verschiebt sich die LM-Kurve ebenfalls nach rechts. Im Gegensatz zum Fall "normal" verlaufender IS-LM-Kurven hat dies aber keinerlei Auswirkungen auf die Investitionsgüternachfrage, die gegeben ist: Auch das Preisniveau wird nicht tangiert. Als Folge sinken also nur die Zinssätze.

**c) Geldmengenausweitung bei einer Liquiditätsfalle**

Auch in diesem Falle verschiebt sich die LM-Kurve nach rechts. Weil aber die IS-Kurve die LM-Kurve annahmegemäß im unendlich zinselatischen Teil schneiden soll, wird in diesem Teil die gesamte zusätzliche Geldmenge absorbiert; die Zinsen können trotz Geldmengenausweitung nicht sinken. Damit ergibt sich kein Einfluß auf Preisniveau und Beschäftigung; die Geldpolitik ist wie bei der Investitionsfalle wirkungslos.

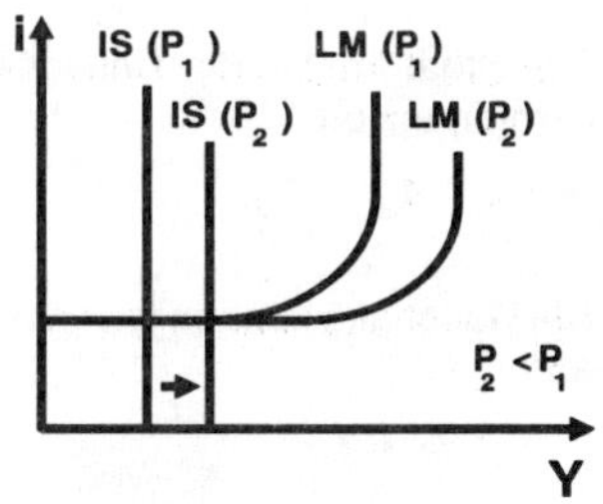

Abbildung 27

**d) Geldpolitik bei starren Löhnen**

Diesen Fall haben viele "Keynesianer" im Kopf, wenn sie eine expansive Geldpolitik fordern. Hier sind die Voraussetzungen für einen Wachstumseffekt gegeben, indes sollte man sich darüber klar sein, daß dieses Szenario nur eines von vier möglichen Szenarien ist und die Geldpolitik in den anderen drei Szenarien **keine** Rolle spielt. Man schaue sich dazu zunächst noch einmal die Abbildung 21 an, bei der ein Unterbeschäftigungsgleichgewicht durch starre Nominallöhne vorgegeben wurde. Wenn jetzt Geldmenge ausgeweitet wird, verschiebt sich die LM-Kurve nach rechts. Das bedeutet geringere Zinsen und eine höhere Investitionsnachfrage. Die Preise steigen. Der Preisanstieg bewirkt aber nicht wie im allgemeinen keynesianischen Modell, daß die LM-Kurve nach einer Linksverschiebung wieder in ihrer ursprünglichen Lage ist, sondern hat auch reale Wirkungen. Durch den Preisanstieg werden bei starren Nominallöhnen die Reallöhne geringer. Die Arbeitsnachfrage und die Beschäftigung nehmen ebenfalls zu. Ist die Geldmengenausweitung bei starren Nominallöhnen groß genug, kann durch sie eine Vollbeschäftigung erreicht werden.

## B. Fiskalpolitik

Bei der Fiskalpolitik tritt der Staat neben den Privaten als Nachfrager von Gütern und Dienstleistungen auf. Er kann seine Nachfrage entweder durch Steuern oder durch Kreditaufnahme finanzieren. Im Kreislauf verändern sich einige Formeln (vgl. S. 38-40):

- Zu der Güternachfrage durch private Haushalte tritt jetzt auch die Staatsnachfrage:

$$Y^d = C + I + A_{st}$$

- Der Staat fragt in der Höhe Kapital nach, in der er seine Ausgaben nicht durch Steuern finanziert.

$$S = I + (A_{st} - T)$$

- Die Haushalte können jetzt nur noch ihr Einkommen nach Steuern frei verwenden:

$$Y - T = C + I$$

### 1. Fiskalpolitik im klassischen Modell

Im Gleichgewicht stimmen Angebot und Nachfrage überein. Sie sind durch den Arbeitsmarkt determiniert (vgl. Abbildung 11). Sollte jetzt der Staat zusätzlich Güter nachfragen, so kann er dies auf zwei Arten tun.

- **Steuerfinanzierung**: In dem Maße, wie der Staat Geld ausgibt, muß er es den Privaten wegnehmen. Damit fällt Privatnachfrage genau im Umfang der Staatsnachfrage weg. Am gesamtwirtschaftlichen Gleichgewicht hat sich nichts geändert, höchstens die Struktur der Nachfrage ist jetzt anders.

- **Kreditfinanzierung**: Der Zins steuert in der klassischen Theorie das Sparangebot und die Investitionsnachfrage simultan. Bei einem zu hohen Sparangebot mußte der Zins fallen. Dann wurde weniger gespart und mehr investiert. Bei einem zu niedrigen Sparangebot kehrt sich der Prozeß um. Tritt nun der Staat mit kreditfinanzierter Nachfrage auf dem Kapitalmarkt auf, besteht eine Überschußnachfrage nach Kapital. Diese kann entweder dadurch behoben werden, daß mehr gespart wird oder dadurch, daß von den Privaten weniger investiert wird. Beides ist gleichbedeutend mit einer Erhöhung des Zinsniveaus. Durch das erhöhte Zinsniveau sparen die Privaten mehr (konsumieren weniger) und es wird weniger investiert. Die Staatsnachfrage hat die private Nachfrage in gleicher Höhe verdrängt und es gibt ebenfalls keinen Nettobeschäftigungseffekt **(crowding-out).**

## 2. Fiskalpolitik im keynesianischen Modell

### a) Der allgemeine Fall

Auf S. 26 wurde der Multiplikator abgeleitet, mit dem sich eine Ausgabensteigerung vervielfacht. Das Einkommen steigt tendenziell um die Höhe der mit dem Multiplikator investierten Staatsnachfrage.

$$(18)\quad Y^{*} = \frac{1}{(1 - C')} \times (C_{aut} + I + A_{st})$$

Dies ist aber nicht möglich, weil auch im allgemeinen keynesianischen Modell das Gleichgewichtseinkommen schon erreicht ist und durch den Arbeitsmarkt determiniert wird.

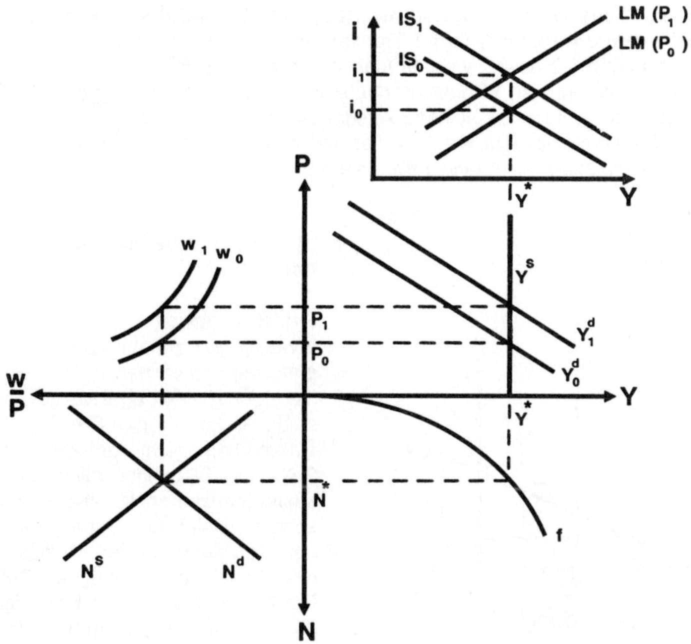


Abbildung 28

**Kredit-** und **steuerfinanzierte** Staatsnachfrage führt zunächst zu einer Rechtsverschiebung der IS-Kurve. Es tritt bei einem gegebenen Einkommen zu der Investitionsnachfrage der privaten Wirtschaftssubjekte noch diejenige des Staates hinzu. Bei gegebenem Einkommen muß der Zinssatz höher sein, um ein Gleichgewicht auf dem Kapitalmarkt zu erreichen. Jedem Einkommen muß ein höherer Zins zugeordnet werden, damit das nötige Sparangebot bereitgestellt wird.

Auch im allgemeinen keynesianischen Modell setzt ein crowding-out-Prozeß ein. Eine Linksverschiebung der IS-Kurve bedeutet eine höhere Nachfrage nach Kapital. Diese kann sich aber nicht entfalten, weil das Gleichgewichtseinkommen schon durch den Arbeitsmarkt bestimmt worden ist. Das Preisniveau steigt. Dieses wiederum verringert die **Realkasse** (L/M) der Wirtschaftssubjekte. Die LM-Kurve verschiebt sich nach links. Deswegen muß auch die Geldnachfrage der Wirtschaftssubjekte sinken.

Die geringere Geldnachfrage stimmt aber nur noch bei einem geringeren Einkommen oder einem höheren Zins mit dem Geldangebot überein. (Bei einem geringeren Einkommen wird weniger Geld für Transaktions- und Vorsichtsmotiv nachgefragt, bei einem höheren Zinssatz werden mehr Wertpapiere gehalten, d.h. die Spekulationskasse wird reduziert.) Beides bedeutet eine Linksverschiebung der LM-Kurve. Damit ist das System zu seinem Ausgangspunkt zurückgekehrt, lediglich das Preisniveau hat sich erhöht. Auch in diesem Fall ist die Übereinstimmung mit dem Resultat der klassischen Analyse überraschend.

**b) Fiskalpolitik bei einer Investitionsfalle**

Bei einer Investitionsfalle waren die Investitionen annahmegemäß zinsunelastisch und verharrten auf einem zu niedrigen Niveau, egal wie tief der Zins sank. So konnte das Gleichgewichtseinkommen nicht erreicht werden. Sollte der Staat jetzt mit zusätzlicher steuerfinanzierter Nachfrage auftreten, so erhöht sich die Gesamtnachfrage um eben diesen Betrag. Dies bedeutet eine Rechtsverschiebung der IS-Kurve. Der Zins muß steigen, die Investitionen des privaten Sektors gehen aber annahmegemäß nicht zurück, weil sie zinsunelastisch sind.

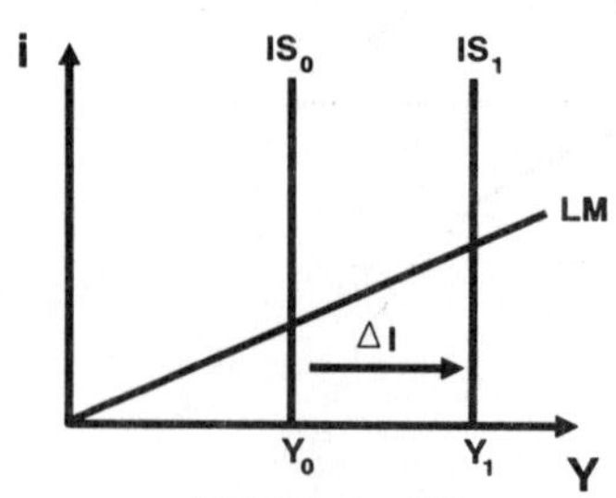

Abbildung 29

Durch die erhöhte Nachfrage wird mehr auf dem Gütermarkt nachgefragt, die Beschäftigung kann steigen. Damit steigt wieder die Nachfrage. Im allgemeinen Fall kann sich der Multiplikator nicht auswirken. Bei der Investitionsfalle kommt er voll zur Geltung. Die erhöhte Nachfrage resultiert zunächst **nicht** in einer Preissteigerung, weil das Angebot positiv reagiert.

**c) Fiskalpolitik bei einer Liquiditätsfalle**

In der Situation einer Liquiditätsfalle sind die Investitionen zinselastisch. Der Zins kann aber nicht unter ein bestimmtes Niveau fallen. Ab einem bestimmten Zinsniveau haben die Privaten schon die gesamte Spekulationskasse in Geld angelegt, weil ihnen der Zins außergewöhnlich niedrig erscheint. Fragt nun der Staat zusätzliche Güter nach, so verschiebt sich die IS-Kurve wieder nach rechts. Auch bei einem höheren Einkommen würden die Wirtschaftssubjekte die gesamte Spekulationskasse in Geld anlegen. Damit gibt es aber für den Zinssatz keinen Grund, zu reagieren; er bleibt

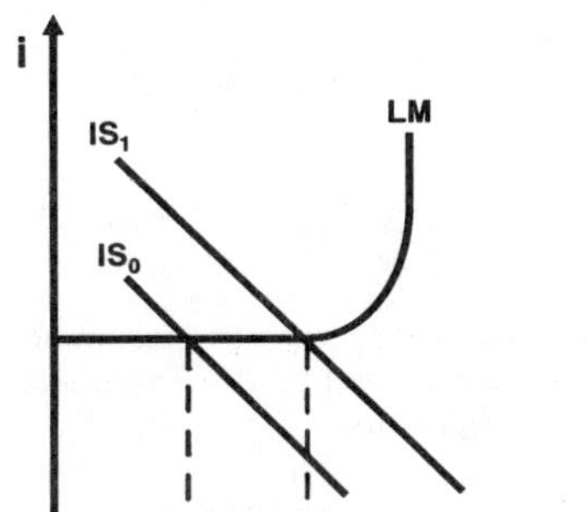


Abbildung 30

auch bei der höheren Investitionsgüternachfrage auf seinem gegebenen Niveau. Es besteht weder ein Kauf- noch ein Verkaufsdruck auf dem Wertpapiermarkt. Deswegen kann sich der Multiplikator auch hier entfalten - Einkommen und Beschäftigung steigen.

**d) Psychologische Wirkungen keynesianischer Beschäftigungspolitik**

Keynes ging weiterhin davon aus, daß sich durch das Eingreifen des Staates die Erwartungen verschieben könnten. D.h., sahen die Wirtschaftssubjekte, daß in einer Rezession der Staat eingriff, waren sie unter Umständen auch bereit, wieder zu investieren. Dies verstärkt noch den Wachstumseffekt.

**e) Fiskalpolitik bei starren Löhnen**

Sollte ein Unterbeschäftigungsgleichgewicht durch starre Löhne gegeben sein, so kann die Fiskalpolitik ebenfalls Expansionseffekte bewirken. Die Linksverschiebung der IS-Kurve bewirkt ein höheres Preisniveau, einen geringeren Reallohn und eine erhöhte Arbeitsnachfrage. Es soll hier noch einmal darauf hingewiesen werden, daß starre Löhne nicht essentiell zum keynesianischen Modell gehören, sondern nur ein Spezialfall sind.

### f) Haavelmo-Theorem

Es soll untersucht werden, wie sich eine steuerfinanzierte Ausgabenerhöhung auswirkt. Zu diesem Zweck übernehmen wir Gleichung 20:

(20) $$Y = C_{aut} + C' \times (Y + Z - T) + I + A_{st}$$

$$\Rightarrow \quad Y - C' \times Y = C_{aut} + C' \times Z - C' \times T + I + A_{st}$$

$$\Rightarrow \quad Y = \frac{1}{(1 - C')} \times (C_{aut} + C' \times Z - C' \times T + I + A_{st})$$

Um zu sehen, wie das Einkommen auf eine Veränderung der Steuerzahlungen und der Transferausgaben reagiert, wird der obige Term nach Z und T abgeleitet.

(26) $$\frac{dY}{dZ} = \frac{1}{(1 - C')} \times C'$$

(27) $$\frac{dY}{dT} = \frac{1}{(1 - C')} \times (-C')$$

Es ist klar, daß das Einkommen negativ auf Steuern und positiv auf Transferzahlungen reagiert. Auf die Staatsausgaben reagiert das Einkommen mit dem vollen Multiplikator:

(28) $$\frac{dY}{dA_{st}} = \frac{1}{(1 - C')}$$

Das Einkommen reagiert stärker als im Falle von Transferzahlungen; direkte Staatsausgaben sind effizienter. Um zu sehen, wie durch Steuern finanzierte Staatsausgaben wirken, addiert man einfach den Steuermultiplikator und den Ausgabenmultiplikator:

$$\frac{dY}{dA_{st}} + \frac{dY}{dT} = \frac{1}{(1 - C')} + \frac{-C'}{(1 - C')} = 1$$

Dies ist das sogenannte **Haavelmo-Theorem**. Bei steuerfinanzierten Staatsausgaben wächst das Volkseinkommen genau um den Faktor 1.

# IV. Neuere Makroökonomik

## A. Einführung

Wenn zunächst auch noch geglaubt wurde, daß man mit der *neoklassischen Synthese* die Neoklassik und KEYNES (Keynessche Störungen des Gleichgewichts quasi als Spezialfälle einer umfassenderen Theorie) vereinbart und damit die großen Streitfragen der Ökonomie gelöst hatte, so traten doch bald eine Vielzahl von neuen Forschungsrichtungen - und damit neuen Kontroversen - auf. Diese Kapitel beinhaltet einen Überblick über die Entwicklungen, die beiden Orthodoxien der Neoklassik und des Keynesianismus folgten. Die Darstellung folgt dabei dem chronologischen Ablauf der neueren Entwicklungen.

- Zunächst einmal wurden die Transmissionsmechanismen untersucht, mit denen sich ein monetärer Impuls in die güterwirtschaftliche Sphäre fortpflanzt. Hier sind die Untersuchungen von **Realkasseneffekten** und die **Portfoliotheorie** zu nennen.

- Der **Monetarismus** ist eine umfassende Kritik der Annahmen über das Verhalten von Wirtschaftssubjekten, welche der Keynesianismus machte. Entstand der Keynesianismus noch unter dem Zeichen der Weltwirtschaftskrise und war ein Theorie der Beschäftigung, so ist der Monetarismus primär eine Theorie der Inflation.

- Die **Theorie der rationalen Erwartungen** führt die Argumente des Monetarismus fort und stellt sie auf eine breitere theoretische Basis.

- Demgegenüber verteidigt die **neokeynesianische Theorie** die Möglichkeit allgemeiner Ungleichgewichte, wobei ein Ungleichgewicht z.B. ein permanentes Überschußangebot auf einem Markt wie dem Arbeitsmarkt sein kann.

## B. Realkasseneffekt und Portfoliotheorie

### 1. Realkasseneffekt

#### a) Cambridge-Effekt und Keynes-Effekt

Der **Realkasseneffekt** ist ein Oberbegriff, der für die Zusammenhänge zwischen der Realkasse und den güterwirtschaftlichen Variablen steht.

***Die Realkasse sei definiert als*** $K := \frac{M}{P}$

Die formale Darstellung der Effekte ist kompliziert, es reicht aber auch ein einfaches Gedankenexperiment, um sich die Wirkungen klarzumachen.

**Beispiel**: Die Geldmenge wird von der Zentralbank erhöht. Nehmen wir an, ein Helikopter verstreut das neue Geld an alle Wirtschaftssubjekte, so daß praktisch über Nacht jeder einen Anteil am neugeschaffenen Geld erhalten, der seinem vorherigen Anteil entsprach (MILTON FRIEDMAN hat dieses Gedankenexperiment vorgeschlagen; man nennt den hypothetischen Helikopter daher auch **Friedmanschen Helikopter**). Bei den Klassikern und Keynes wirkt der Realkasseneffekt unterschiedlich.

Die Klassiker gingen davon aus, daß Geld keine Wertaufbewahrungsfunktion hatte. Deswegen kam eine Geldhaltung aus dem Spekulationsmotiv nicht in Frage. Der Zinssatz war ausschließlich eine **realwirtschaftliche Größe**, d.h. durch die Grenzproduktivität des Kapitals bestimmt (vgl. ***Mikroökonomik***, Abschnitt 3.2.3.1). Dieser hatte sich aber durch die Geldschöpfung nicht verändert. Also konnte sich auch die Summe der Ersparnisse und Investitionen nicht verändern. Die Wirtschaftssubjekte fragen mit dem überschüssigen Geld auschließlich reale Güter nach, wollen aber nicht aufgrund des Spekulationsmotives mehr oder weniger Wertpapiere halten. Als Folge steigen die Güterpreise. Dies ist der **Cambridge-Effekt**: die Realkasse wirkt direkt auf die Güternachfrage und das Preisniveau, nicht auf Wertpapiere und Geldhaltung.

Beim **KEYNES-Effekt** ist die Wirkungsrichtung umgekehrt: bei einer Erhöhung der Realkasse steigt nicht die Geldnachfrage, weil diese vom Einkommen abhängt. Auch die Güternachfrage steigt nicht, weil diese ebenfalls vom Einkommen abhängt. Deswegen versuchen die Wirtschaftssubjekte, ihre Realkasse abzubauen und kaufen Wertpapiere. Die Kurse steigen und die Zinsen sinken. Erst durch die Zinsen wird unter Umständen die Güternachfrage beeinflußt. Die Realkasse wirkt zunächst ausschließlich auf die Wertpapiernachfrage und nicht auf die Güternachfrage. Ob dabei schließlich Einkommenswirkungen oder nur Preiswirkungen erzielt werden, hängt von der Form der LM-Kurve und der Elastizität des Güternagebots ab (vgl. S. 38).

**b) Pigou-Effekt**

Der **Pigou-Effekt** ist nun in gewisser Hinsicht eine Synthese von KEYNES- und Cambridge-Effekt. PIGOU zeigte, daß sogar bei einer Liquiditätsfalle die Tendenz zum Gleichgewicht besteht. PIGOU geht wie KEYNES von einem zunächst exogenen, gegebenen Investitionsvolumen aus. Gleichzeitig soll aber auch der Vermögensbestand an Wertpapieren gegeben und stabil sein. Dies ist zum Beispiel im

**"stationary state"**, einem langfristigen Gleichgewicht mit gegebenem Wachstum der Fall. Wird jetzt Geld durch den FRIEDMANschen Helikopter verteilt, so werden **keine** Wertpapiere nachgefragt, weil der optimale Wertpapier- und Kapitalbestand schon erreicht ist, sondern Güter. Damit verringert sich aber die marginale Sparquote, weil ein geringerer Prozentsatz der Realkasse ausreicht, den gegebenen Wertpapierbestand zu finanzieren. Die Konsumnachfrage wird direkt abhängig von der Realkasse - ein "klassisches" Ergebnis. Die IS-Kurve verschiebt sich nach rechts: Es wird zu einem gegebenen Zins mehr Kapital nachgefragt, das Realeinkommen steigt tendenziell. Wichtig ist, daß dieser Effekt nicht nur im Falle des Friedmanschen Helikopters funktioniert, sondern auch, wenn das Preisniveau sinkt. Dieses folgt direkt aus der Definition der Realkasse. Damit kann aber tendenziell kein Unterbeschäftigungsgleichgewicht stabil sein: Sinkt das Preisniveau, dann steigt die Realkasse, und schließlich steigt die Konsumnachfrage. Dieser Prozeß währt solange, bis ein Vollbeschäftigungsgleichgewicht erreicht ist.

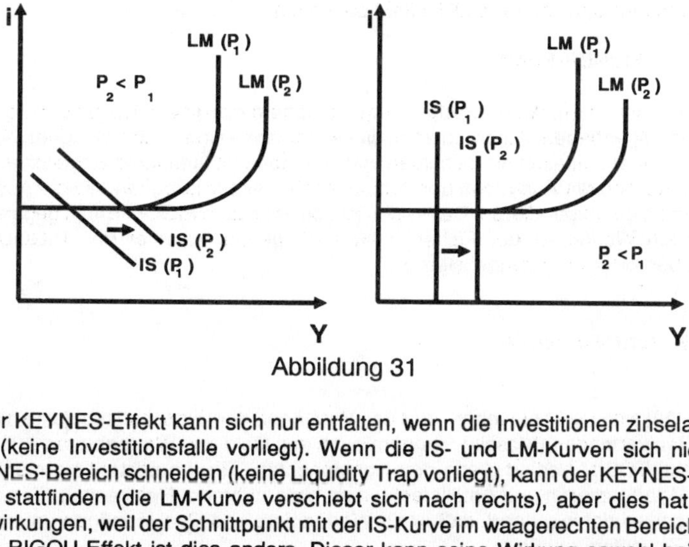


Abbildung 31

Der KEYNES-Effekt kann sich nur entfalten, wenn die Investitionen zinselastisch sind (keine Investitionsfalle vorliegt). Wenn die IS- und LM-Kurven sich nicht im KEYNES-Bereich schneiden (keine Liquidity Trap vorliegt), kann der KEYNES-Effekt zwar stattfinden (die LM-Kurve verschiebt sich nach rechts), aber dies hat keine Auswirkungen, weil der Schnittpunkt mit der IS-Kurve im waagerechten Bereich liegt. Beim PIGOU-Effekt ist dies anders. Dieser kann seine Wirkung sowohl bei einer Liquiditätsfalle (Abbildung 31a) als auch bei einer Investitionsfalle (Abbildung 31b) entfalten, weil selbst bei einer Investitionsfalle die Nachfrage nach Gütern ansteigt, sei es zunächst auch nur in Form erhöhter Konsumgüternachfrage.

Obwohl der Beweis von PIGOU weite Beachtung fand, beschreibt der PIGOU-Effekt eher einen Ausnahmefall. Daß der PIGOU-Effekt eher eine vernachlässigbare Größe ist, läßt sich vor allem am Nettovermögenscharakter des Geldes zeigen. Bei einem Preisverfall ist alleine das **Außengeld** von Relevanz. Dieses kann bestehen aus:

- Forderungen gegenüber dem Staat (vom Staat emittierte Wertpapiere)

- Forderungen gegenüber dem Ausland

- Vermögensobjekten wie Gold

Bei dem gesamten **Innengeld** stehen den durch das Geld verbrieften Forderungen Schulden eines anderen privaten Wirtschaftssubjektes gegenüber. Klassisches Beispiel sind die Sichteinlagen (die täglich fälligen Einlagen der privaten Haushalte bei den Banken, vgl. ***Geldpolitik***, Kap. 7.3). Hier kann der PIGOU-Effekt nicht wirken, weil bei jeder Deflation zwar das Vermögen der Gläubiger steigt, aber auch das Vermögen der Schuldner sinkt. In modernen Volkswirtschaften macht aber das Außengeld nur einen geringen Teil des gesamten Geldvolumens aus. Damit wird die Wirkungsbasis für den PIGOU-Effekt sehr klein.

#### c) FISHER-Effekt

Fisher nimmt an, daß die Schuldner eine höhere marginale Ausgabenneigung als die Gläubiger haben. Aufgrund eben dieser Tatsache sind sie ja Schuldner. Nehmen nun bei einer Deflation die Schulden und Guthaben im Innengeld zu gleichen Teilen zu, so werden die Ausgaben der Schuldner stärker zurückgehen, als die Ausgaben der Gläubiger expandieren. Deswegen ist aber eine zum PIGOU-Effekt gegenläufige Kraft am Werke. Ist der Fisher-Effekt stark genug, kann er den PIGOU-Effekt aufheben oder überkompensieren.

### 2. Portfoliotheorie

Es läßt sich leicht einsehen, daß das Vermögen der Wirtschaftssubjekte nicht nur aus Realvermögen (Klassik), sondern auch aus Geld und Wertpapieren (KEYNES) besteht. TOBIN addiert diese drei Komponenten. Für ihn besteht Vermögen aus Geld, Wertpapieren und Anteilsrechten an Unternehmen (Realkapital). Er erweitert die Analyse dahingehend, daß er für Wertpapiere und Realvermögen unterschiedliche Zinssätze zuläßt.

Dabei ist die Verzinsung des Realvermögens eine von den Erwartungen der Wirtschaftssubjekte geprägte Größe. Die Verzinsung des Realvermögens kann z.B. in einem Boom wegen ausgelasteter Kapazitäten überproportional steigen, während die Verzinsung von Wertpapieren (Inflation) durchaus zurückbleiben kann.

- **Geld** erfüllt bei TOBIN Transaktions- und Wertaufbewahrungszwecke. Es wirft keinen Ertrag ab und unterliegt dem Preisänderungsrisiko.

- **Wertpapiere** dienen der Wertaufbewahrung. Sie unterliegen einem Preisänderungs- und Ertragsrisiko.

- **Realkapital** unterliegt nicht dem Preisänderungsrisiko, weil der monetäre Ertrag aus den Anteilsrechten bei einem Preisanstieg ebenfalls ansteigt. Dafür unterliegt Realkapital aber dem Risiko von Veränderungen in der realwirtschaftlichen Sphäre, einem Ertragsrisiko.

Man kann sehen, daß Geld und Realkapital entgegengesetzten Risiken ausgesetzt sind, während die Wertpapiere eine Mittelposition einnehmen. So wird der Investor, der sein Risiko diversifizieren will, etwas von allen Vermögensbestandteilen halten. TOBIN nimmt an, daß Wertpapiere dem Geld ähnlich sind, weil sie zur Wertaufbewahrung dienen. Die Vermögensbestandteile stehen bei ihm in folgender Beziehung zueinander:

**Komplementarität**

**Geld** **Wertpapiere** **Anteilsrechte**

**Substitutionalität**

Das heißt: ein Anstieg der Wertpapierrendite wird zunächst in der Regel zu Lasten der Geldhaltung gehen, während der Bestand an Anteilsrechten in der Regel nur unbedeutend verringert wird. Dies liegt an der Korrelation der Risiken. Die Wirkungsweise eines **Geldmengenanstiegs** läßt sich in TOBINS System wie folgt beschreiben. Weil Geld und Wertpapiere substitutional sind, wird sich in der Regel auch die Nachfrage nach Wertpapiereb erhöhen (Substitutionseffekt). Daneben tritt ein Vermögenseffekt: Weil das Vermögen der Wirtschaftssubjekte insgesamt zunimmt, werden sie in der Regel auch mehr Realkapital nachfragen. Damit steht die Portfoliotheorie TOBINscher im Einklang mit der klassischen und keynesianischen Schule; nimmt man aber für die Substitutionalitäten und Komplementaritäten zwischen den Vermögensbestandteilen extreme Werte an, so können auch andere Ergebnisse resultieren.

Annahme: Eine **Erhöhung der Staatsnachfrage** wird durch die Ausgabe von Wertpapieren finanziert. Der Staat muß dann die privaten Anbieter von Wertpapieren überbieten, weil er zusätzlich auf den Markt kommt; der Zins steigt tendenziell. Dieser Prozeß geht zu Lasten der Geldhaltung. Weil aber die Realkapitalverzinsung und der Wertpapierzins nur bedingt miteinander zu tun haben, steigt der Realkapitalzins nur wenig oder gar nicht, wodurch keine Investitionsnachfrage verdrängt wird. Damit hat ein fiskalischer Impuls bei Tobin einen eindeutig expansiven Effekt - ein "keynesianisches" Ergebnis. Aber auch die Neuklassik hat sich intensiv mit den Transmissionsmechanismen für monetäre Impulse beschäftigt. Hier hat vor allem KARL BRUNNER Modelle des Ineinandergreifens verschiedener Märkte für Aktiva und Vermögensbestandteile entworfen.

## C. Monetarismus

Der Monetarismus kann als eine theoretische Gegenrevolution zur keynesianischen Revolution angesehen werden. Vor allem der Name MILTON FRIEDMAN ist untrennbar mit dem Monetarismus verknüpft. Obwohl ideologische Gründe (Kritik an der Rolle des Staates) eine große Bedeutung für die Entstehung des Monetarismus hatten, ist er auch eine umfassende und fundamentale Kritik an den Verhaltensannahmen des Keynesianismus.

Von besonderer Bedeutung sind die FRIEDMANschen Untersuchungen zur Konsumfunktion. Wenn angenommen wird, daß die Ausgaben der Wirtschaftssubjekte nicht vom momentanen Einkommen abhängig sind, sondern von einem erwarteten Durchschnittseinkommen über ihre Lebenszeit hinweg, so werden sämtliche Ableitungen des Keynesschen Multiplikators hinfällig. Denn dann wären die Wirtschaftssubjekte ja in der Rezession bereit, sich zu verschulden, um einen gewissen Lebensstandard aufrechtzuerhalten, weil sie erwarten, die Schulden im Boom zurückzahlen zu können.

Weiterhin liefert der Monetarismus eine Neuformulierung der Quantitätstheorie des Geldes. Anstelle des Kassenhaltungskoeffizienten wird eine Funktion verschiedener Variablen verwendet, die ebenso wie der Kassenhaltungskoeffizient stabil sein soll. Damit ist das mechanische Konzept des Kassenhaltungskoeffizienten abgelöst durch eine verhaltenslogische Begründung der Geldnachfrage. Im Prinzip wird die Quantitätstheorie bestätigt und auf eine solidere Basis gestellt. Die Monetaristen argumentieren, daß die Umlaufgeschwindigkeit sich theoretisch ändern könnte, wenn sich einige der sie bestimmenden Variablen ändern. Weil die Monetaristen ein ganze Reihe von Variablen angeben, ist die neuformulierte Quantitätstheorie empirisch schwer widerlegbar. Dies entsprach ebenfalls den Ansichten der Monetaristen: Neben die *ökonomische Kritik* am Keynesianismus trat nämlich noch eine *wissenschaftstheoretische Kritik*. Der Keynesianismus hatte behauptet, daß die gesamtwirtschaftliche Entwicklung prinzipiell steuerbar wäre. Diese Behauptung wird von den liberalen non-interventionistischen Monetaristen mit Skepsis betrachtet. Die Monetaristen bezweifeln, daß sich das aggregierte Verhalten aller Wirtschaftssubjekte nicht in ein System von Gleichungen bringen läßt. Sie behaupten, daß die Entscheidungen, die das gesamtwirtschaftliche Wohlfahrtsniveau betreffen, so komplex sind, daß sie nur dezentral getroffen werden können.

Die folgenden beiden Abschnitte beschreiben die Wirkungen von Geldmengenveränderungen und Fiskalpolitik im monetaristischen Modell.

**Geldmengenausweitung:** Eine Geldmengenausweitung größer oder gleich 5 % würde eine Erhöhung des Preisniveaus um 5 % bewirken. Dazu muß die Inflationsrate zwischenzeitlich steigen. Nehmen wir weiterhin an, daß der Kassenhaltungskoeffizient unter anderem von der Inflationsrate in der Form abhängt, daß bei zunehmender Inflationsrate weniger Geld gehalten wird, weil die Opportunitätskosten des Geldes steigen. (Man kann sich eine Inflationsrate von 5 % auch als negativen Zins von 5 % auf die Geldhaltung vorstellen. Ist der positive Zins 5 %, so betragen die gesamten Opportunitätskosten der Geldhaltung 10 %). Damit bewirkt die Inflation eine *zusätzliche* Verringerung der Kassenhaltung, bzw. eine Erhöhung der Umlaufgeschwindigkeit um z.B. 2 %.

Gilt aber die Quantitätsgleichung:

$$M \times v = Y \times P$$

so muß vorübergehend aufgrund der höheren Umlaufgeschwindigkeit das Nominaleinkommen sogar um 7 % steigen. Ist das Preisniveau aber auf seinem höheren Plateau angelangt, so geht die Inflationsrate wieder zurück. Jetzt sind ja die höheren Preise erreicht. Damit geht aber auch die Umlaufgeschwindigkeit wieder zurück. Es muß nun eine **Deflation** um 2 % erfolgen, damit sich das Nominaleinkommen an die um 5 % gestiegene Geldmenge anpaßt. Deswegen ist die Forderung der Monetaristen nach einer Geldmengenregel gut zu verstehen: Diskretionäre Geldpolitik ist ist schädlich, weil sie unnötige Schwankungen erzeugt.

**Fiskalpolitik:** Es wird angenommen, daß eine Erhöhung der Staatsnachfrage zu einem Zinsanstieg führt und damit private Nachfrage verdrängt. Es sind mittelfristig keine Beschäftigungswirkungen zu erwarten. Weil die Fiskalpolitik einer ganzen Reihe von Wirkungsverzögerungen unterliegt (recognition lag, decision lang, outside lag etc., vgl. ***Allgemeine Wirtschaftspolitik***, Abschnitt 4.2.3), ist sogar zu erwarten, daß die Maßnahmen jeweils zu falschen Zeitpunkt ergriffen werden, wenn sich die realwirtschaftliche Situation schon wieder grundlegend verändert hat. Weil aber auch die Monetaristen der Fiskalpolitik kurzfristig durchaus Wirkungen zugestehen, wirkt auch die Fiskalpolitik in der Regel destabilisierend.

## D. Die Theorie der rationalen Erwartungen und die neokeynesianische Theorie

### 1. Rationale Erwartungen

Die bisherige Darstellung hat gezeigt, daß im Laufe der Zeit Theorien entwickelt wurden, die sehr unterschiedliche Aussagen machten. Am stärksten diskutiert wurden dabei

- die Rolle des Staates in der makroökonomischen Politik
- und die Funktion des Geldes in der Volkswirtschaft.

Die *Klassiker* waren davon ausgegangen, daß staatliche Interventionen kurzfristig das Volkseinkommen nicht verändern können und daß Geld neutral ist (Dichotomie). Sollte die Notenbank zuviel Geld drucken, würden über Nacht die Preise steigen. Das Preisniveau würde sich gemäß der Quantitätstheorie anpassen; an den realwirtschaftlichen Vorgängen würde sich aber nichts verändern. KEYNES hat gezeigt, daß unter gewissen Umständen Geld nicht neutral ist. Diese Transmissionsprozesse sind dann genauer von PATINKIN untersucht worden. Schließlich hat FRIEDMAN betont, daß Veränderungen der Geldmenge zwar kurzfristig die reale Wirtschaft erheblich beeinflussen können, daß aber langfristig Geld neutral ist.

Die **Theorie der rationalen Erwartungen** ist eine umfassende Synthese der klassischen, neoklassischen und monetaristischen Theorien. Man nennt die Theorie der rationalen Erwartungen deshalb auch *neuklassische Theorie*. Der Ansatz geht davon aus, daß die Wirtschaftssubjekte das ökonomische Modell kennen und über dieselben Informationen verfügen wie z.B. staatliche Instanzen. Das heißt nicht, daß die Wirtschaftssubjekte alle Entwicklungen in der Wirtschaft voraussehen können, denn selbst das beste, zur Zeit vorhandene Modell kann die Zukunft nur unvollkommen prognostizieren. Die Wirtschaftssubjekte verhalten sich aber insofern rational, als daß sie bei Zutreffen der Prognosen ihre Pläne bestmöglich erfüllen.

**Beispiel**: Angenommen, es gab eine außergewöhlich gute Getreideernte, die weit über dem Durchschnitt der bisherigen Jahre lag. Die Preise fallen, weil ein Überschußangebot vorliegt. Wenn nun der Preiseffekt den Mengeneffekt überkompensiert (was aufgrund der unelastischen Nachfrage relativ wahrscheinlich ist), kann es sein, daß einige Farmer Verluste hinnehmen, ja sogar Konkurs anmelden müssen. Dennoch haben sie sich rational verhalten. Der Markt wird geräumt, weil die Preise flexibel sind. Ebenso sollen alle anderen Märkte im Gleichgewicht sein. Bei externen Störungen wird sich ein suboptimales Gleichgewicht einstellen; trotzdem werden auch hier die Märkte geräumt. Das suboptimale Gleichgewicht wäre aber nicht zu verhindern gewesen, weil die externe Störung nicht prognostiziert werden konnte. Die Definition der rationalen Erwartungen ist so weit gefaßt, daß im Rahmen des Modells auch Arbeitslosigkeit als freiwillig angesehen wird: wenn z.B. die Farmer für das nächste Jahr noch einmal eine außergewöhnlich gute Ernte und einen damit einhergehenden Preisverfall erwarten, kann es für den einzelnen Farmer durchaus rational sein, nicht zu arbeiten, und auf ein Jahr zu warten, in dem seiner Meinung nach die Erträge wieder steigen werden. Er substituiert dann intertemporal Arbeit gegen Freizeit.

Geldmengenveränderungen können in der Theorie der rationalen Erwartungen neutral sein, sie können aber auch realwirtschaftliche Effekte haben. Diesen Zusammenhang beleuchtet die **LUCASsche Angebotsfunktion**. Wie in der Klassik wird angenommen, daß das Angebot eines Produzenten (in unserem Beispiel ein Farmer) vom dem relativen Preis des produzierten Gutes und der Grenzproduktivität der Produktionsfaktoren abhängt. Sollte nun das allgemeine Preisniveau steigen, wird auch der nominale Preis der angebotenen Güter (hier landwirtschaftliche Produkte) steigen. LUCAS geht davon aus, daß der Farmer ein sehr genaues Wissen über sein eigenes Produkt und die erzielbaren Preise hat, während er die anderen Märkte nur sporadisch bobachtet und deswegen kein genaues Wissen über das allgemeine Preisniveau besitzt. Sollte sich jetzt das Preisniveau erhöhen, werden sich auch die Preise für die Produkte des Farmers erhöhen.

- *Neutrale Geldmengenveränderung*: Sollten dem Farmer Informationen über die Veränderung des Preisniveaus vorliegen, so wird er erkennen, daß ein Preisanstieg für seine Produkte keine Verschiebung der relativen Preise bedeutet. Er wird daher seine Pläne nicht ändern. Wenn zum Beispiel die Bundesbank ankündigt, daß sie die Geldmenge um 5 % erhöhen will, so weiß der Farmer, daß diese Information allen Wirtschaftssubjekten zur Verfügung steht und daß diese deshalb ebenfalls alle ihre Preise um 5 % erhöhen werden - es findet keine Verschiebung im Preisgefüge statt.

- *Geldmengenveränderung mit realwirtschaftlichen Effekten:* Wenn keine weiteren Informationen vorliegen, wird der Farmer annehmen, daß seine Produkte relativ knapper geworden sind - er kann ja nicht beobachten, daß auch die anderen Preise steigen. Also wird er mehr produzieren. Diese Produktionssteigerung beruhte aber auf einer Fehlinformation. Der Anstieg des Preisniveaus war irrtümlich als Verschiebung der relativen Preise gedeutet worden.

Der zweite Fall scheint nicht auf den ersten Blick mit einer Theorie der rationalen Erwartungen vereinbar zu sein, weil der Farmer sich verkalkuliert hat. Dies ist aber nicht der Fall: Die Theorie der rationalen Erwartungen sagt nur aus, daß die Wirtschaftssubjekte die verfügbaren Daten bestmöglich ausnutzen. Sollte die Geldmengenveränderung zum Beispiel heimlich vom Zentralbankrat beschlossen worden sein, so können die Wirtschaftssubjekte nichts davon wissen und werden die Preissteigerung falsch interpretieren. Überraschende Staatsinterventionen, Naturkatastropen und nicht vorhersehbare Ereignisse wirken destabilisierend, da sie die Pläne der Wirtschaftssubjekte durcheinanderbringen. Wenn allerdings die Preissteigerung kein einmaliges Ereignis ist, sondern sich in jedem Jahr wiederholt, werden die Wirtschaftssubjekte schnell analysieren, daß hier eine inflationäre Notenbankpolitik vorliegt und ihre Handlungen darauf einstellen.

## 2. Die Phillips-Kurve

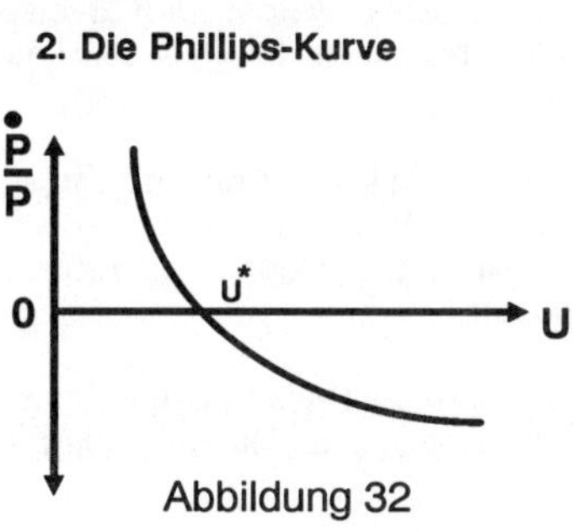

Abbildung 32

Diese Argumentation zeigt, warum die Theorie der rationalen Erwartungen die sogenannte **PHILLIPS-Kurve** sehr skeptisch beurteilt. Diese geht auf empirische Untersuchungen von ARTHUR PHILLIPS zurück. In der Interpretation von SAMUELSON/ SOLOW konstatiert sie einen Zusammenhang zwischen Inflationsraten und Arbeitslosigkeit. In der Graphik ist auf der Ordinate die Inflationsrate abgetragen, auf der Abszisse die Arbeitslosigkeit. Es wird angenommen, daß die Zentralbank sich innerhalb gewisser Grenzen zwischen Arbeitslosigkeit und Inflation entscheiden kann. Dieses Ergebnis würde für die Wirtschaftspolitik eine Art Güterabwägung zwischen Inflation und Arbeitslosigkeit bedeuten, bei der die Präferenzen in der Wirtschaftspolitik eine große Rolle spielen würden.

### 3. Das Akzelerationstheorem

Schon die Monetaristen haben einen Zusammenhang, wie er durch die PHILLIPS-Kurve dargestellt wird, verneint. Sie gehen von adaptiven Erwartungen der Wirtschaftssubjekte im Hinblick auf eine Preiserhöhung aus. Lag z.B. der Preisanstieg in den letzten Jahren bei 5 %, so werden die Wirtschaftssubjekte dies in ihre Kalkulationen einbeziehen. Bei einem Anstieg auf 10 % werden sie überrascht; es treten tatsächlich kurzfristige positive Beschäftigungswirkungen auf. Mit der Zeit gewöhnen sich die Wirtschaftssubjekte aber an die höheren Inflationsraten. Deswegen ist eine permanente Steigerung der Inflationsraten durch die Träger der Wirtschaftspolitik notwendig. Diesen Zusammenhang nennt man das **Akzelerationstheorem**. Es liegt auf der Hand, daß dieses Verhalten auf Dauer mehr Schaden stiftet als Nutzen bringt. Preissteigerungen werden antizipiert; nur von einer Änderung der Steigerungsrate können die Wirtschaftssubjekte noch überrascht werden. Die Theorie der rationalen Erwartungen wurde auch unter anderem konzipiert, um eine Erklärung für die **Stagflation** der siebziger Jahre zu erhalten (Stagflation = Stagnation + Inflation). Stagflation ist gemäß der Phillips-Kurve nicht möglich. Wenn die Wirtschaftssubjekte aber die Preissteigerungen antizipieren, dann kann es auch trotz Preissteigerungen Einbrüche im Beschäftigungsniveau geben.

### 4. Die Neokeynesianische Theorie

Die **Neokeynesianische Theorie** ist eine Neuinterpretation der "General Theory". (Eigentlich sollte man von verschiedenen neokeynesianischen Theorieansätzen sprechen.) Sie hat zwei Ziele: Einerseits wird die "Neoklassische Synthese" kritisiert, welche die Keynesschen Theorien zu Theorien des Gleichgewichts (und einigen Spezialfällen) reduzierte. Andererseits soll gezeigt werden, daß Staatsinterventionen auch bei rationalem Verhalten der Wirtschaftssubjekte sinvoll sein können. Diese Ansätze haben einige Punkte gemeinsam:

- Ein Tausch der Wirtschaftssubjekte wird auch zu falschen Preisen zugelassen. Deswegen wird schon getauscht, bevor der Preisbildungsprozeß abgeschlossen ist. Die Fiktion des Auktionators, der alle Preise vergleicht und einen Tausch erst bei "richtigen" Preisen zuläßt, wird aufgehoben.

- Wirtschaftssubjekte können in einer Periode selbst die Preise setzen. Deswegen kommt es unter Umständen in dieser Periode nicht zu einer Markträumung, wenn die Preise erst längerfristig flexibel sind.

- Genauso können Märkte auch kurzfristig rationiert sein, weil die Preise zu gering festgelegt worden waren.

  **Beispiel**: Auf dem Arbeitsmarkt vergeht eine gewisse Zeit, bevor eine Arbeitskraft wieder ein neues Beschäftigungsverhältnis erhält, nachdem das alte Verhältnis gekündigt wurde. Diese kann durchaus rational sein. Die Arbeitskraft will sich zunächst einmal einen Marktüberblick verschaffen und nimmt nicht sofort das erste Angebot an, wenn dieses nur noch halb so gut entloht wird. Nach der zehnten Ablehnung merkt sie dann vielleicht erst, daß in der gesamten Wirtschaft das Lohnniveau gefallen ist, bzw. ein Überangebot auf dem Arbeitsmarkt herrscht. Somit haben die Mengen (Arbeitskräftefreisetzungen) vor den Preisen (Löhnen) reagiert, obwohl sich der einzelne Arbeiter rational verhalten hat. Genauso wird ein Vermieter unter Umständen seine Wohnungen eher für einen gewissen Zeitraum leerstehen lassen, ohne die Miete herabzusetzen.

Innerhalb eines Unternehmens gibt es oft gute Gründe dafür, im Falle eine Rezession nicht die Löhne der Mitarbeiter zu senken, sondern lieber eine gewisse Anzahl der Mitarbeiter zu entlassen. Dazu ist die Annahme eines sogenannten **Effizienzlohnes** notwendig. Der Effizienzlohn liegt über dem Gleichgewichtslohn, der sich am Markt bilden würde. Dennoch kann er für den Arbeitgeber sinnvoll sein. Die Arbeitsleistung des Angestellten setzt sich aus der Anzahl der Stunden und der individuellen Anstrengung zusammen. Arbeiter, die wissen, daß sie bei einem guten Unternehmen angestellt sind, werden sich mehr anstrengen, denn ein ähnlicher Arbeitsplatz wird nicht leicht zu finden sein. Es kann sich ein gewisser Teamgeist und ein "Wir-Gefühl" im Unternehmen bilden, der die Produktivität steigert. Im Falle einer Rezession wird der Arbeitgeber nicht die Löhne senken: Eine solche Lohnsenkung würde dazu führen, daß gerade seine wertvollsten Arbeitskräfte, die auch woanders eine Arbeitsstelle finden könnten, abwandern. Die Arbeitskräfte, die die Lohnsenkung hinnehmen, sind wahrscheinlich für den Arbeitgeber weniger wertvoll.

Empirische Hinweise auf die Existenz von "Effizienzlöhnen" liegen vor. Eines der ersten Beispiele stammt aus der Zeit der Einrichtung der Fließbandproduktion durch HENRY FORD. Zwischen 1908 und 1914 wurden die Fließbänder errichte, auf denen HENRY FORD sein standardisiertes Model T produzieren konnte. Aber die Geschwindigkeit und Eintönigkeit der Arbeit am Fließband belastete die Arbeitsmoral. Die durchschnittliche Abwesenheitsquote betrug 10 % und ein Arbeiter blieb gewöhnlicherweise nur wenige Monate bei FORD. Als Reaktion auf diese Zustände kündigte FORD an, daß er in Zunkunft jedem Arbeiter, der länger als sechs Monate bei ihm tätig war, fünf Dollar Tageslohn zahlen würde. Das war mehr als das doppelte des damals üblichen Lohnsatzes. Die Fluktuationsrate verminderte sich um 87 %, die Abwesenheitsrate um 75 % und die Arbeitsproduktivität stieg um 30 %. Dieser Produktivitätsanstieg ermöglichte es FORD, die Preise zu senken, obwohl er seinen Arbeitern höhere Löhne zahlte.

Machmal ist es sinnvoll für ein Unternehmen, die Preise für seine Güter nicht sofort zu verändern. In einem Markt mit vollkommener Konkurrenz müßte ein Unternehmen seine Preise ständig den Marktpreisen anpassen - wenn von zwei absolut gleichen Banken die eine 5 % Zinsen für Sparanlagen zahlt und die andere 7 %, werden sehr schnell alle Sparanlagen zur zweiten Bank wandern. Wenn hingegen ein Kino etwas teurer ist als ein anderes - es hat vielleicht eine andere Ausstattung und zeigt andere Filme - werden nicht sofort alle Kinobesucher zum billigeren Kino gehen. Hier liegt **monopolistische Konkurrenz** vor: Der Anbieter kann in begrenztem Rahmen die Preise bestimmen (vgl. ***Allgemeine Wirtschaftspolitik***).

Preisänderungen erfordern Umstellungskosten. Auch trägt eine relativ konservative Preispolitik zu größerer Sicherheit bei. Solange die Kosten für die Aufrechterhaltung eines "falschen" Preises geringer sind als die Kosten der Preisänderung, wird der alte Preis beibehalten. Es ergeben sich lediglich dann Anpassungen, wenn der Nutzen einer Preisänderung eindeutig überwiegt. Die neokeynesianische Theorie hat wichtige Implikationen. Obwohl die Preise nicht institutionell fixiert sind (wie bei der Annahme fixer Löhne in der neoklassischen Synthese) kann der volkswirtschaftliche Anpassungsprozeß trotz rationaler Individualentscheidungen verzögert werden. Dann kann der Preismechanismus nur schwer dazu beitragen, daß ein allgemeines Gleichgewicht erreicht wird.

# V. Übungsaufgaben:

1. Grenzen Sie Makroökonomik und Mikroökonomik voneinander an. Wodurch unterscheiden sich beide Zweige der Volkswirtschaftslehre, was haben sie gemeinsam?
2. Welche drei Rechenwerke haben die größte Bedeutung in der volkswirtschaftlichen Gesamtrechnung?
3. Warum müssen die durch alle drei Rechenwerke ermittelten Summen identisch sein?
4. Im Land Phantasia wohnen der Jäger Jeromin, seine beiden Gehilfen und Fürst Franz ohne Volk. Jeromin und seine beiden Gehilfen fangen pro Jahr Wild im Wert von 50.000 Gulden, das am Markt verkauft wird. Der Jäger Jeromin muß pro Jahr 20.000 Gulden Pacht an den Fürsten Franz bezahlen. Er zahlt jedem Gehilfen 5.000 Gulden. Außerdem muß er 5.000 Gulden für Jagdgerät und Blei ausgeben. Schließlich erhebt Franz auch noch eine Steuer von 5.000 Gulden. Berechnen Sie aus diesen Angaben das Bruttosozialprodukt des Landes, zuerst mit der Methode der Entstehungsrechnung, dann mit der Methode der Verteilungsrechnung und erläutern Sie, wie man theoretisch bei einer Ermittlung durch die Verwendungsrechnung vorgehen würde und warum dies in diesem Beispiel nicht möglich ist.
5. Welches sind die drei wichtigen Märkte in der Makroökonomik?
6. Welches sind die Prämissen der klassisch-neoklassischen Analyse?
7. Durch welchen Mechanismus wird in der Klassik/Neoklassik der Ausgleich auf dem Kapitalmarkt herbeigeführt und wie funktioniert der Anpassungsprozeß?
8. Warum besteht in der klassischen Theorie eine Dichotomie des realen und monetären Sektors?
9. Wann ist ein Gleichgewicht auf dem Arbeitsmarkt erreicht? Welche wichtige Größe wird durch dieses Gleichgewicht bestimmt?
10. Leiten Sie das klassische Modell vollständig geometrisch ab.
11. a) Was versteht man unter einem Nachfrageüberhang? b) Die folgende Konsum- und Investitions-

funktion sei gegeben: I = 50; C = 70 + 0,8 * Y. Welches ist das Gleichgewichtseinkommen?
12. Warum ist die IS-"Kurve" keine Funktion? Warum hat die IS-Kurve eine negative Steigung?
13. Wodurch unterscheidet sich die keynesianische Theorie der Geldnachfrage von der klassischen Theorie? Warum hat die LM-Kurve eine positive Steigung?
14. Geben Sie eine kurze Darstellung der drei keynesianischen Gründe für unfreiwillige Arbeitslosigkeit.
15. Was sind Kontraktionsgrößen und was sind Expansionsgrößen? Wie ist die Ersparnisbildung und wie sind die Investitionen des privaten Sektors einzuordnen? Welche anderen Expansions- und Kontraktionsgrößen gibt es?
16. Warum ist die Geldpolitik im normalen keynesianischen Modell genauso wirkungslos wie in der Klassik?
17. Was ist crowding-out und wie läuft dieser Prozeß bei einen Erhöhung der Staatsnachfrage a) im klassischen Modell b) im allgemeinen keynesianischen Modell ab?
18. Warum ist die Fiskalpolitik im keynesianischen Modell gewöhnlich effektiver als die Geldpolitik?
19. Die marginale Konsumquote ist 0,7. In einer rezessiven Situation (unausgelastete Kapazitäten) beschließt der Staat, ein Sonderausgabenprogramm von 10 Milliarden DM aufzulegen. Wie groß ist die Einkommenswirkung gemäß der keynesianischen Theorie?
20. Was besagt das Haavelmo-Theorem?
21. Warum ist im "stationary state", einem langfristigen Gleichgewicht mit gegebener Wachstumsrate, der Bestand an Wertpapieren stabil?
22. Was ist die wesentliche Neuerung der von Tobin entwickelten Portfoliotheorie gegenüber Klassik und Keynesianismus?
23. Was ist die Neuerung bei der Friedmanschen Theorie der Konsumfunktion? Welche Auswirkungen hat dies für die Wirtschaftspolitik? Warum ist die diskretionäre Geldpolitik in der monetaristischen Theorie destabilisierend?
24. Wann ist eine Geldmengenveränderung in der Theorie der rationalen Erwartungen neutral, wann ist sie nicht neutral? Was besagt in diesem Zusammenhang das Akzelerationstheorem?
25. Nennen sie drei wichtige Annahmen der neokeynesianischen Theorie und begründen Sie diese kurz. Was ist die wichtigste Schlußfolgerung aus diesen Annahmen?

# Lösungen:

1. Die Makroökonomik beschäftigt sich mit Verhalten und Bestimmungsgründen von wirtschaftlichen Aggregaten. Solche Aggregate sind Beschäftigung, Produktion, Zinsniveau, Inflation, Investitionen, Konsum Konjunkturzyklen. Im Gegensatz dazu beschäftigt sich die Mikroökonomik mit dem Verhalten einzelner Wirtschaftssubjekte (der Haushalte und Unternehmen) und einzelner Märkte. In der Mikroökonomik wird der Zustand der Volkswirtschaft als gegeben vorausgesetzt, während eben dieser Zustand Hauptgegenstand der Makroökonomik ist. Beide Disziplinen gehen von rational handelnden Individuen aus.
2. Entstehungsrechnung, Verwendungsrechnung und Verteilungsrechnung des Bruttosozialprodukts.
3. Entstehungsrechnung, Verwendungsrechnung und Verteilungsrechnung sind drei unterschiedliche Methoden, dieselbe abstrakte Größe "Bruttosozialprodukt" zu messen. Im ersten Fall wird die Produktion von Haushalten und Unternehmen gemessen, im zweiten Fall die Aufteilung die Verwendung des Volkseinkommens für Investitionen und Konsum und im dritten Fall werden die Einkommen der einzelnen Wirtschaftssubjekte der am Wirtschaftsprozeß beteiligten Institutionen gemessen.

4. Im Land Phantasia existiert nur ein einziges Unternehmen, das des Jägers Jeromin. Der öffentliche Haushalt sowie die privaten Haushalte (z.B. der Gehilfen) sind unproduktiv. (Die Gehilfen arbeiten im Auftrag von Jeromin.) Dieser verkauft pro Jahr Wild für 50.000 Gulden am Markt - das ist die Höhe seiner Produktion (Enstehungsrechnung). Weil die Haushalte unproduktiv sind, ist dies auch die Höhe des Bruttosozialprodukts.

Bei der Verteilungsrechnung werden die einzelnen Einkommen addiert:

| | |
|---|---|
| Pachteinkommen des Fürsten Franz: | 20.000 Gulden |
| Löhne der Gehilfen: | 10.000 Gulden |
| Jagdgerät und Blei: | 5.000 Gulden |
| Steuer an Fürst Franz: | 5.000 Gulden |
| Gewinn des Jägers Jeromin: | 10.000 Gulden |
| Summe = Bruttosozialprodukt: | 50.000 Gulden |

Die Verwendungsrechnung gibt den Anteil des Konsums, der Investitionen, des Staatsverbrauchs und des Außenbeitrags an. Wir wissen aber nicht, wieviel Wild für das nächste Jahr tiefgefroren wird (Investition), was die einzelnen Personen in Phantasia konsumieren und wieviel Wild Phantasia an andere Länder verkauft. Deswegen können wir hier das Bruttosozialprodukt nicht nach dieser Methode ermitteln.

5. Arbeitsmarkt, Kapitalmarkt und Gütermarkt.

6. Vollkommene Markttransparenz, unendliche Anpassungsgeschwindingkeit der Mengen und Preise, homogene Güter, keine personellen und sachlichen Präferenzen bei homogenen Gütern, Preis ist Datum und Vorliegen eines atomistischen Marktes (vgl. S. 11-12).

7. Auf dem Kapitalmarkt treffen Sparangebot und Investitionsnachfrage aufeinander. In der Klassik hängt das Gleichgewicht auf diesem Markt einzig und allein vom Zinsniveau ab: Bei hohen Zinsen wird mehr gespart und weniger investiert, bei niedrigen Zinsen ist dies umgekehrt. (Bei Keynes ist das Sparangebot auch vom Volkseinkommen abhängig.)

8. Der monetäre Sektor hat in der Klassik keine Auswirkungen auf den realwirtschaftlichen Sektor. Geld wird nur zu Transaktionszwecken gehalten und hat keine Wertaufbewahrungsfunktion. Das Vorhandensein von Geld ist zwar wichtig - es ist das "Schmiermittel" der Volkswirtschaft - die Geldmenge ist aber unwichtig. Sie hat nur einen Einfluß auf das nominale Preisniveau.

9. Ein Gleichgewicht auf dem Arbeitsmarkt besteht, wenn sich Arbeitsangebot und Arbeitsnachfrage entsprechen. Der Grenznutzen des Arbeiters aus einer zusätzlichen Arbeitsstunde entspricht dann der Grenzproduktivität der Arbeit. Auf dem Arbeitsmarkt wird in der klassischen Theorie die Höhe des Volkseinkommens bestimmt.

10. Vgl. S. 20.

11. a) In der keynesianischen Theorie wird angenommen, daß ein genau festgelegter Anteil des Volkseinkommens konsumiert wird. Außerdem existiert bei einem Einkommen von 0 der sogenannte autonome Konsum. Die Höhe der Investitionen ist kurzfristig gegeben. Bei einem zu kleinen Volkseinkommen besteht ein Nachfrageüberhang - sowohl der autonome Konsum als auch die festgelegte Höhe der Investitionen sorgen dafür. Die Wirtschaft bewegt sich in Richtung des Gleichgewichtseinkommens.

b) 1) $I = 50$

2) $C = 70 + 0{,}8 * Y$

3) $C + I = Y = 120 + 0{,}8 * Y$

4) $Y = 600$

12. Ein Funktion stellt den funktionalen Zusammenhang zwischen einer unahängigen Variablen (x) und einer abhängigen Variablen (y) dar. In diesem Sinne ist die IS-Kurve keine Kurve, sondern eine Gleichge-

wichtsbedingung. Sie zeigt an, bei welchen Kombinationen von Zinssatz und Volkseinkommen die Höhe der Investitionen der Höhe der Ersparnisse entspricht. Bei einem kleinen Volkseinkommen wird wenig gespart. Deswegen muß der Zinssatz hoch sein, um die Investitionsnachfrage zu dämpfen. Bei einem großen Volkseinkommen wird viel gespart. Ein niedriger Zinssatz muß die Investitionen anregen, damit Gleichgewicht zwischen Ersparnissen und Investitionen herrschen kann.

13. In der klassischen Theorie wurde Geld nur zu Transaktionszwecken benötigt. Bei Keynes hat Geld auch eine Wertaufbewahrungsfunktion. Deswegen ist die Geldhaltung bei Keynes auch zinsabhängig. Je höher der Zinssatz ist, desto größer werden die Opportunitätskosten der Geldhaltung. Bei einem hohen Volkseinkommen wird viel Geld aus dem Transaktionsmotiv nachgefragt. Deswegen muß bei gegebener Geldmenge der Zinssatz auch hoch sein, um die Geldnachfrage aus dem Spekulationsmotiv zurückzudrängen. Bei einem niedrigen Volkseinkommen gilt der umgekehrte Tatbestand.

14. Investment Trap: Sollten aufgrund schlechter Zukunftserwartungen nur minimale Investitionen getätigt werden, kann auch ein niedrigerer Zinssatz die Investitionssumme nicht erhöhen. Die Investitionen und damit das Volkseinkommen im IS-LM-Modell bleiben unter dem Gleichgewichtseinkommen für den Arbeitsmarkt. Liquidity Trap: Im normalen IS-LM-Modell würden bei Arbeitslosigkeit die Preise und auch die Zinsen sinken (Rechtsverschiebung der LM-Kurve). Wenn sich der Schnittpunkt der IS- und LM-Kurven aber im unendlich elastischen Bereich der LM-Kurve befindet, bewirkt eine Preissenkung keine Zinssenkung und auch keine Belebung der Investitionsnachfrage. Arbeitslosigkeit kann natürlich auch durch starre Reallöhne hervorgerufen werden, die über dem Gleichgewichtslohn liegen.

15. Expansionsgrößen sind autonome Nachfragekomponenten, die nicht von der Höhe des Volkseinkommens abhängen. Durch die Größe dieser autonomen Komponenten wird letztlich die Höhe des Volkseinkommens bestimmt (Investitionen des privaten Sektors, Staatsnachfrage, Exportnachfrage). Kontraktionsgrößen sind Nachfrageausfälle, die gewöhnlich von der Höhe des Volkseinkommens abhängen (Ersparnisbildung, Steuerzahlungen, Importnachfrage).

16. In der Klassik stiegen direkt die Preise und das reale Geldangebot blieb unverändert. Im normalen keynesianischen Modell ist der Endeffekt derselbe, aber der Prozeß läuft anders ab: Eine Erhöhung des Geldangebots verschiebt die LM-Kurve nach rechts. Wenn das Geldangebot steigt, muß die Kassenhaltung der Wirtschaftssubjekte ebenfalls steigen. Dies kann bei gegebenem Einkommen nur durch einen geringeren Zinssatz bewirkt werden. Der geringere Zinssatz regt die Investitionsnachfrage an. Das optimale Güterangebot ist durch den Arbeitsmarkt bestimmt, die zusätzliche Nachfrage wirkt sich in einer Preiserhöhung aus. Diese setzt sich solange fort, bis die reale Geldmenge wieder ihren ursprünglichen Umfang erreicht hat.

17. Crowding out ist die Verdrängung von privater Nachfrage durch Staatsnachfrage.

18. Die Geldpolitik kann nur bei starren Nominallöhnen wirksam werden, während sie bei einer Investitionsfalle und bei einer Liquiditätsfalle versagt.

19. C'=0,7; staatliche Sonderausgaben = 10 Mrd. DM. In diesem Falle sind die 10 Mrd. DM als zusätzliche Nachfrage anzusehen. Sie können im Modell wie 10 Mrd. DM zusätzlicher Investitionsnachfrage behandelt werden. Der elementare Multiplikator (m) gab die Reaktion des Einkommens auf eine autonome Ausgabensteigerung an. Die Steigerung des Volkseinkommens erhält man, indem man den elementaren Multiplikator mit der zusätzlichen Nachfrage multipliziert.

1) $dY = m * dG = 1/(1-C') * dG$

2) $dY = 1/(1-0{,}7) * 10$ Mrd. DM

$dY = 3.3 \times 10$ Mrd. DM = 33 Mrd. DM

20. Das Haavelmo-Theorem beschreibt die Reaktion des Volkseinkommens auf eine steuerfinanzierte Staatsausgabenerhöhung. Weil der expansive Effekt der Staatsausgaben höher ist als der kontraktive

Effekt der Steuer, erhöht sich das Volkseinkommen. Es läßt sich zeigen, daß sich das Volkseinkommen genau um den Betrag der Staatsausgaben erhöht.

21. Im "stationary state" wachsen beide Produktionsfaktoren - Arbeit und Kapital - mit derselben Wachstumsrate. Würde der Kapitalstock schneller wachsen als das Arbeitsangebot, würde sich ja die Produktivität pro Arbeitsstunde erhöhen (substitutionale Produktionsfunktion, vgl. ***Mikroökonomik,*** Abschnitt 3.2.1.2) und das Wachstum des Bruttosozialprodukts höher sein als das Wachstum des Arbeitsangebots. Dann würden sich Umschichtungen im Kapitalbestand pro Arbeitnehmer, Arbeitseinkommen und Sparverhalten ergeben.

Im Gleichgewicht hatten aber alle Wirtschaftssubjekte ihre Entscheidung über die Wertpapierhaltung schon getroffen. Der Kapitalstock wächst nun mit der Rate x % - dies ist auch der Zinssatz. Würde der Zinssatz über der Wachstumsrate des Kapitalstocks liegen, würden sich Umschichtungen in der relativen Vermögenshaltung und Aufteilung zwischen Investition, Konsum und Sparen ergeben. Dies ist aber im "stationary state" gemäß Annahme ausgeschlossen.

22. Tobin unterscheidet zwischen verschiedenen Vermögensarten - Geld, Wertpapieren und Realkapital. In der Klassik und auch im Keynesianismus wurden die Begriffe "Wertpapier" und "Realkapital" beide synonym für "Vermögen" gebraucht. Keynes hat gezeigt, daß auch Geld einen Vermögenscharakter haben kann. Tobin unterscheidet zusätzlich zwischen unterschiedlichen Vermögensgegenständen, welche in verschiedenen wirtschaftlichen Situationen unterschiedlich reagieren. Er zeigt, daß Wertpapiere und Realkapital sehr unterschiedliche Charakteristika haben.

23. Friedman hat die "permanent income hypothesis" vertreten, nach der die Konsumausgaben nicht vom gegenwärtigen Einkommen, sondern vom Lebenseinkommen abhängig sind. Das heißt, das die von Keynes befürchteten großen Schwankungen im Wirtschaftsprozeß weniger wahrscheinlich sind, weil die Wirtschaftssubjekte sich in einer Rezession verschulden, um ihren Lebensstandard aufrechtzuerhalten. Geldpolitik ist destabilisierend, weil die Geldhaltung auch von der veränderten Inflationsrate abhängt. Wenn die Notenbank die Geldmenge ausdehnt, steigt die Inflationsrate und die Kassenhaltung geht zurück. Damit kommt mehr Geld auf den Markt und die Inflationsrate steigt erneut. Nach der Anpassung der Preise geht die Inflation auf Null zurück. Jetzt wollen die Wirtschaftssubjekte wieder mehr Geld halten und eine Deflation setzt ein.

24. Eine antizipierte Geldmengenveränderung ist neutral: Die Wirtschaftssubjekte stellen sich auf die Geldmengenveränderung ein und setzen alle dementsprechend ihre Preise herauf. Eine nicht antizipierte Geldmengenveränderung wird von den einzelnen Wirtschaftssubjekten als Verbesserung der relativen Preise zu ihren Gunsten ausgelegt. Das Angebot nimmt zu. Das Akzelerationstheorem besagt, daß die Wirtschaftssubjekte ihre Prognosen über die Inflation mit Vergangenheitswerten bilden. Demzufolge kann nur eine ständige Beschleunigung der Inflationsrate Beschäftigungswirkungen haben.

25. Wirtschaftssubjekte haben einen gewissen Preissetzungsspielraum. Wenn z.B. ein Autohändler seine Wagen einige DM (oder auch einige hundert DM) teurer verkauft als die Konkurrenten, wird er nicht sofort alle Kunden verlieren. Es ist unter gewissen Umständen rational, nicht sofort die Preise zu verändern. Ein entlassener Arbeitnehmer weiß oft nicht, ob seine Entlassung durch unglückliche Umstände im Unternehmen oder durch die generelle Wirtschaftslage verursacht wurde. Wenn er bei seinem ersten Vorstellungsgespräch sofort mit den Lohnforderungen heruntergingе, würde er eine Chance verspielen. Märkte können auch rationiert sein. Für ein einziges Konzert der Rolling Stones wird man nicht das Stadium vergrößern. Man wird aber auch nicht anstelle der schon stolzen 50 DM eine Summe von 500 DM fordern können. Die wichtigste Folgerung aus dieser Annahmen ist die Tatsache, daß der Preismechanismus nicht zur Markträumung führen muß und Überschußangebot sowie Überschußnachfrage möglich sind.